人の2倍ほめる本

頭のいい人 悪い人のほめ言葉

心理学者
渋谷昌三

WIDE SHINSHO

まえがき

本書は、おおよそ次のような内容で構成されています。

①「ほめる、ほめられる」関係で人は心が浄化され、わだかまりが消える（「ほめ合い」の心理効果でポジティブな人間関係ができる）
②「ほめたつもり」でも相手を怒らせることがある（「行き違い」の原因とその心理）
③「隠《かく》しぼめ」「陰《かげ》ぼめ」で、心の距離がぐっと近づく（きちんと伝わる「ほめ言葉」の技術と実例）

わたしは、これから「人間関係においての、ほめることの効用」を心理学の分野から指摘し、その実例も紹介しながら、みなさんの「役に立つ本」を目指します。

内容について、簡単に説明します。

①「ほめる、ほめられる」関係で人は心が浄化され、わだかまりが消えるについて――

最近は、「若い社員をほめて育てる」方針の企業が増えているそうです。「ほめて育てる」と、なぜいいのでしょうか。

◉まず「関係がよくなる」ことが挙げられます。ほめられた部下は、一瞬で心が浄化されて、わだかまりが消え去り、この上司とのつきあいを「いいもの」と感じます。つまり、いい人間関係の素地ができるのです。

◉次に、上司のほめ言葉ひとつで、部下の「やる気」がぐんとアップし、積極的に仕事に取り組むようになるのですから、日常的に適切な「ほめ言葉」で後押しすることによって、部下のモチベーションが持続できます。

◉もうひとつ。上司のほめ言葉が、部下の「自己効力感」を引き出すことになります。これは、「自分は周りに認められている」「会社の役に立っている」と思える感覚です。仕事の成果とは関係なくても、たとえば、「あいさつの声が明るくていいな」とほめるだけでも、部下は自分は会社の役に立っているという実感と安心につながり、仕事への自信に生まれ変わるきっかけになります。

「子育て」にも同じような理由で効果的に作用するはずです。ほめて育てる、その心理効果は大きいのですが、問題は「ほめ方」です。

実際、「ほめる効果」はわかるけれども、どうやってほめていいのかわからないという人、そして、ほめるのが下手という人が少なくありません。

「ほめたつもりが、嫌味になっていた」

「つい、ほめ言葉が過剰になって、どこか嘘っぽくなってしまう」

「ほめているうちに理屈っぽくなって、相手はうんざりすることが多い」

など、実践ではうまくいかないことも多いようです。

これを受けて、ほめるとはどういうことなのか、その基本に戻ります。

②「ほめたつもり」でも相手を怒らせることがあるについて——

ほめたのに相手が不機嫌になった……あなたには、そんな体験がありませんか。その理由は、相手が悪いのではなく、あなた自身が「ほめる」ということを安直に考えていたからかもしれませんね。

考えてもみてください。

「ほめる」というのは、その前に相手をジャッジ（判定）して、いい悪いを決めるという手順を踏んでいるということです。そんなつもりはなくても、私たちは無意識のうちに、人をジャッジしているということになります。そして、このような行為は、立場が上の者が下の者にするというのが基本形です。

ですから、上司が部下をほめる、先輩が後輩をほめるのはスムーズにいきますが、これとは逆に、下の者が上の者をほめると、人間関係がおかしくなりやすいのです。

最近は、この基本形がぼやけ、部下が上司を、後輩が先輩をほめることも少なくないようですが、本来は「とても失礼なこと」「ひどくナマイキなこと」なのですから、その場合は、言葉を選んで、慎重でなければなりません。

たとえば、「A社との契約が取れたんですか。へぇー、がんばりましたねえ。先輩って、仕事ができるんですね」と、後輩が先輩を「素直に」ほめたら、どうなるのでしょうか。先輩の気持ちは、おそらく「何を偉そうな口のきき方をするんだ。おまえは、いつからおれの上司になったんだ！」といったところでしょう。

その場で怒鳴る先輩もいるでしょうが、腹の中にためてブスッと不機嫌になってしまう先輩のほうが多いと思います。後輩は、「ほめたのに、どうして不機嫌になるの？」と、戸惑うばかりです。

上の者が下の者へ、という「ほめる基本形」を忘れると、こういう行き違いが起こりやすいのです。これを回避するには、

「あんな大きな契約、どうやったら取れるんですか。ぼくに教えてください」

といった「ほめ言葉」が適切だろうと思います。

他にも、「ほめて失敗する」例はいくつもありますが、本文で指摘します。

③「隠しぼめ」「陰ぼめ」で、心の距離がぐっと近づくについて——

ある人の行動や人格がどれほど「称賛に値するもの」だったとしても、これを思いのままにしっかりほめようとすると、あれもこれもと盛りだくさんになり、あなたは世界一だ！　といった「歯の浮くようなセリフ」になりがちです。

もっと相手の心にきちんと届く「ほめ方」を身につけたいものです。いちばん失敗のな

い「ほめ方」、そして、いい関係になる「ほめ方」、それが「隠しぼめ」です。

「ほめる」のは部下が仕事で業績を上げたときに、と考えがちですが、そのタイミングを狙ってほめると、ここぞとばかりに、つい「ほめ過ぎ」になってしまいます。

「きみは最高だ。仕事ができるとは、きみのような人のことだ。将来は社長になれるぞ」

このような「ほめ方」は、逆に、鼻白むこともあるでしょう。

それよりも、業績が上がらないときでも「ほめる」、日常会話の中でそれとなく「ほめる」のが効果的です。

「きみがいるから、安心だ。おかげで、うまくいったよ」

「ありがとう、いつも気が利くね」

「残業でがんばるのはありがたいけど、健康には気をつけてよ」

など、「小さくほめる」のがいいのです。

仕事の業績をほめようとすると、それは「特別なこと」「非日常なこと」になります。

そうではなく、日常のやりとりの中で「隠しぼめ」を習慣にしてほしいものです。

「きみは仕事ができる」とストレートにほめているのではないけれども、部下にじわりと伝わる「ほめ方」。「ほめて、2倍感じてもらう」、それが「隠しぼめ」のコツとなります。部下には「好意を示す」ことが大事です。心理学には「好意の返報性」という言葉がありますが、上司が好意を示すと、部下も上司への好意を示すようになります。

「課長の下にいると、私も仕事がしやすいです」

「課長は部下を公平に見ますから、がんばりがいがあります」

など、部下なりの「隠しぼめ」をするようになるでしょう。また、これなら、下の者が上の者へ、であっても、上司が不機嫌になるなどの失敗はありません。上司と部下との「ほめ合い関係」で仕事にも大きな効果がもたらされるでしょう。

改めていいたいことは、いい人間関係のキーワードは、「まず、ほめる」です。仕事場ではもちろん、家族、友達、ご近所、恋愛……など、どんな人間関係においても、「隠しぼめ」を心がけてみてはどうでしょうか。

「ほめる」というのは、自分の心の状態のバロメーターともいえます。心に余裕のある人は、人のいいところをすぐに見つけられますし、素直にほめることもできます。

一方、心に余裕のない人は、人のよくないところだけが目につき、つい文句めいたことを口走ってしまいます。

あるいは、ほめたつもりなのに、つい「きみはいつも運がいいね」とか、「まあ、そのぐらいのことは、できて当然だけれども」とか、「よけいな一言」をつけ加えてしまい、ひどく後悔したことのある人もいるでしょう。おそらく、そのときのあなた自身の心の状態がおもわしくなかったからではないでしょうか。

「人をほめる」という行為ひとつで、自分の心の状態も測れるのです。

本書をヒントに、いい人間関係をつくり、豊かな人生を過ごせたとしたら、著者としてこんなにうれしいことはありません。

著者

人の2倍ほめる本／もくじ

第2章 「ほめながら聞く」技術

第3章 「ほめてお願いする」技術

第4章 コンプレックスをほめる！

第5章 「ほめ言葉」の心理術

第6章 「励まして育てる」心理術

第7章 ほんとうは怖い「ほめ言葉」

第8章　とっさの「ほめ言葉」事例集

ブックデザイン　鈴木成一デザイン室

本書は小社より出版された『人と人とは「ほめ言葉」がすべて』を改題し、再編集した新版です。

第1章

おだやかな「ほめ言葉」が効く

「また一緒にやりたいね」は最上のほめ言葉

私たち日本人には、身振り手振りを交えて、はつらつとした表情で「すばらしい」「美しい」「ワンダフル」……といった欧米式のほめ方には少し抵抗があります。その圧倒的な明るさと単純ともいえる明解さについていけない感じがします。それだけシャイな国民性ということなのでしょう。

しかし、日常的な人間関係の中で「ほめる」という行為をまったくしていないかといえば、そうではありません。それとなく、さりげない言葉で、奥ゆかしくほめ合って、お互いの存在を認め合い、感情を通い合わせています。

◇

映画監督の山田洋次さんが演出家として駆け出しの頃のことです。

テレビドラマで初めて渥美清さんを演出することになりました。

山田洋次さんは、渥美清さんという喜劇役者としての才能を高く評価していました。しかし渥美さんのほうは山田さんをあまり良くは思っていないという噂も、山田さんの耳には入っていました。経歴や境遇が違いすぎるのです。

渥美さんは小さな劇場の幕間にやる余興のコント役者として芸を磨いてきた熟練者です。片や、山田洋次さんは東京大学を出たエリートです。

渥美さんの中には、三歳年下の山田さんが「アタマでっかちの、青臭いことを言う演出家」といった先入観が働いていたのでしょうか。「そんなヒヨッコに、つべこべ言われたくない」という反発心があったのかもしれません。

さて渥美さん主演のドラマを取り終えた際、山田さんには「渥美さんと仕事をするのも、これが最初で最後。もうご一緒することもあるまい」という思いがあったそうです。

と、意外にも渥美さんのほうから、

「あんたとは、また一緒に（仕事を）やりたいね」

と、ひと言。山田さんは、うれしさがこみあげてきたそうです。

この「また一緒にやりたいね」という言い方、ストレートなほめ方ではありませんが、「山田さんの仕事を評価している」という含意が伝わり、それが山田さんの気持ちを動かしています。これは見事な「隠しぼめ」です。

手軽に使えて効果的、「また」という言葉の力

「また」というのは、さりげない言葉ですが、効果的に作用します。

現代のお笑いタレントもそうですが、喜劇俳優にはシャイな人が多いそうです。

渥美清さんも、そういったタイプの人だったのでしょう。

山田洋次さんの才能はわかった。人柄も気に入った。しかし面と向かっては照れ臭さかったのでしょう。

そこで、「あんたとは、また一緒にやりたいね」。

この「あんた」という呼び方にも、親しみがあふれているように思います。

そして、その渥美清主演、山田洋次演出のドラマが好評を得て、後の『男はつらいよ』シリーズに発展していくのです。たったひとつの、さりげない「ほめ言葉」が、そのスタートラインだったといえそうです。

さて、この「また」の実践です。

誰かと会って、とても楽しいひとときをすごすことができたとしましょう。相手の人柄も気に入りました。しかし、ほめ言葉がうまく出てきません。お互いに独身同士、相手が異性であるという状況ではなおさら照れくささが先に立ちます。

そんな場合は、この「また」を使い、「あなたを気に入りました」「今日は楽しかった」というメッセージを発信してほしいものです。

「またお話を聞かせてくださいね」
「また誘ってくださいね」
「またご一緒しましょう」

どうという会話ではありませんが、相手は「自分の存在が認められた」という思いになります。これは、「ほめられる」に通じる心理です。

新婚夫婦の奥さんの不安は、自分の手料理を旦那さんに美味しいとも、まずいとも言ってもらえないことだそうです。旦那さんは、照れくさくて「美味しいね」と言えないのでしょうか。旦那さんには「また」という言葉を有効に使ってほしいものです。

「この料理、また食べたいな」

このひと言で、奥さんは「私の料理に満足してくれているのだな」とわかります。

ここで紹介した事例は、どれも相手をストレートにほめているのではありません。けれども相手は「ほめられた」と感じ、それまでの不安が解消します。メッセージがじわりと伝わる、これが「隠しぼめ」の心理効果です。

「いい人はいいね」で、心が救われる

ほめたいけれど、ほめ言葉がなかなか口から出てこないという人は、いわゆる口下手なタイプなのでしょう。

いや、口下手というよりも、気の利いた言葉、かっこいい言葉、美しい言葉でほめなければならないという意識が強すぎるのでしょう。けれども、よそ行きの言葉では、かえって気持ちが伝わりません。

もっと単純な、実感のあるほめ方のほうが、言葉に真実味が生まれるのです。着飾った言葉をあれこれ考えるのは文学者に任せておけばいいのです。

いや、文学者にしても、普段着の日常的な言葉を大切にする人は少なくありません。

川端康成の『伊豆の踊子』に、旅芸人の踊子が主人公をほめる場面が出てきます。踊子同士がひそひそ声で、主人公について「いい人ね」「いい人はいいね」と話し合っています。その声が主人公の耳に入ってくるわけですが、主人公は心が救われたような思いになり、「自分がいい人に見えることは、言いようなくありがたい」といった感想を洩らします。

『伊豆の踊子』は川端康成の自伝的な小説といわれています。「いい人ね」というほめ言葉に心あたたまる感動を受けたのは、川端康成自身だったのでしょう。

さて、ここで考えてほしいのです。

ここで「いい人ね」ということについて、

「言葉遣いがていねい」

「誰に対しても分け隔てなく接してくれる」

「気遣いがすばらしい」

といったように、具体的な長所を見つけ出してほめるといった話し方をすると、そのほめ言葉が説明的すぎて意味が限定され、主人公、つまり川端康成の胸をそれほど強くは打たなかったのではないでしょうか。

「いい人ね」「いい人はいいね」と、さらりと言いのけたところに何ともいえない広がりが生まれます。だから、いっそう川端康成の心に届いたのです。

曖昧《あいまい》な「ほめ方」のほうが印象的になる

「人間は完結してしまった結果よりは、未完了、未解決のことのほうに強く心を惹《ひ》かれる」——これは、《ゼイガルニク効果》という人間心理の特徴です。

わかりやすくいえば、「必ずしも結論を説明しなくてもいい」ということです。

「結論はいわずに、もっと曖昧な表現のほうが、相手の心を惹きつける」のです。つまり、「思わせぶり」のままで十分、というわけです。

この《ゼイガルニク効果》は、ほめ方にも応用できます。

◇

「ほめる」というと、何か具体的なものを挙げてほめなければならないと考えがちです。その人の能力、成果、あるいは人柄や外見といったものについて、できるだけ具体的に指摘してほめる、という話し方です。

そのほうが、より好意的に受け取ってもらえると考えがちです。

本当にそうでしょうか？

必ずしも「具体的なもの」を挙げる必要はないのではないでしょうか？

実際には、具体的な点を例示したために、かえって下品になったり、相手から誤解を受ける場合が少なくありません。

たとえば女性をほめる場合――。

「きれいな指ですね。細くて、色白で、なめらかで」などと、とくに肉体的な特徴を細部にわたるようなほめ方は、下品な印象になってしまいます。逆に、女性に嫌がられることでしょう。また、気弱な男性は緊張して、舌が引きつったような喋り方になりがちですから、気味悪がられることは間違いありません。

そういう失敗をしないためには、「具体的に何か指摘してほめなければならない」という考えを捨て、もっと曖昧な表現でほめる方法をおすすめします。

たとえば、「あなたっていいなあ」といったほめ方です。

相手が「私のどんなところがいいの」と聞いてきたら、

「いや、なんとなく。あなたと一緒にいると、なんとなくいいなあ」

と。そのほうが相手の心を引き寄せます。

「私のどんなところがいいの」と聞かれて、「どこどこが魅力的」などと具体的に答えたら、そこで話が完結してしまいます。

むしろ、曖昧な表現で、話を未完了、未解決のままほったらかしにしておくほうが効果的。これが《ゼイガルニク効果》です。

あえて話を完結させないほうが、じつは相手は強く心惹かれるのです。

さて、先ほどの川端康成の『伊豆の踊子』です。

主人公は、なぜ「いい人っていいね」という曖昧なほめ言葉に強く心を惹かれたか。

「いい人っていいね」という言い方が、具体的に何をいいたいのかよくわからない、非常に曖昧だった点にむしろ話し方としての魅力があったのでしょう。

つまり《ゼイガルニク効果》が働いたのです。

ほめ方のひとつのテクニックとして、この「曖昧ぼめ」という話し方は覚えておいてください。使い勝手のいい方法です。

仰々しい「ほめ言葉」には裏がある

はっきりとものをいわない曖昧なほめ方のほうがいい。

逆に、ものをはっきりという、仰々しいほめ方はどこか怪しい——ともいえそうです。

日本の戦国時代の話です。

関白という地位を得たものの、豊臣秀吉には厄介な人物がひとりいました。目の上のたんこぶ、徳川家康の存在です。家康が自分に臣下としての忠義を立てない限り、秀吉は真の意味で天下人になったとはいえません。

そこで秀吉は家康を大阪城に呼び出します。

諸国の有力大名が居並ぶ場所で、秀吉の前に進み出た家康は開口一番、

「秀吉様が羽織っている陣羽織をちょうだいしたい」

と言い出します。その理由をたずねられると、

「あなた様はもう戦へ出る必要はありません。臣下である私、この家康が楯となり矢となって、あなた様をお守りしますゆえ」

有名な陣羽織の逸話ですが、こんな仰々しいほめ言葉に裏があるのです。

実際、家康は秀吉との約束を破って、みずからの手で豊臣家を滅ぼしました。

現代でも、「あなたあってての私です」といった、歯の浮くようなほめ言葉で持ち上げておいて、その舌が乾かないうちに……このような話はありそうですね。

あなたのそばにも、そんな人がいるかもしれません。仰々しいほめ言葉をふんだんに使う人にはご注意を、です。

「教えてください」も、ほめ言葉のひとつ

日本人として初めてノーベル賞を受賞したのは、物理学者の湯川秀樹さんです。

湯川さんには口癖がありました。

「その分野について私は素人なので、教えてくださいませんか」

ノーベル賞を受賞して一躍有名になった湯川さんのもとにはテレビやラジオや雑誌社といったところから、対談の企画が数多く寄せられました。

対談相手は、文学者、芸術家、財界人など各界の著名人です。その対談の中で、湯川さんの口からはちょくちょく、「その分野について私は素人なので、教えていただけませんか」という言葉が飛び出します。

湯川さんは知識欲が強く、面白く感じた話はどのような話であれ熱心に耳を傾けたそうですから、その謙虚な人柄がうかがえる言葉でもあります。

同時に、この「教えてください」というのは、相手への「ほめ言葉」になっています。

天才的な頭脳を持った人物から「教えてください」と乞われるのですから、自尊心がくすぐられるのは当然です。この「教えてください」には、

「あなたの話はたいへん面白いですね」

「あなたはその分野に精通していらっしゃるのですね」

「さすがにあなたは深い知識とお考えを持っている」

といったさまざまな意味の、ほめメッセージが含まれています。

◇

私たちの日常会話の中でも、この「教えてください」をほめ言葉として使えるケースは少なくありません。たとえば知人が、

「私は趣味がいろいろあって、まあ、好奇心が旺盛ということなんでしょう」

と、ちょっと自慢したとします。それに対して、

「いいですねえ。どんな趣味をお持ちなんですか。趣味の楽しみ方や、好奇心の働かせ方などぜひ教えてください。私は無趣味な人間で、趣味がある人がうらやましいのですよ」。

「教えてください」という問いかけが、知人をほめていることになります。相手は「待っ

てました」とばかりに、「喜んで教えましょう」となります。

謙虚な人は、このようなほめ方がスムーズにできます。

ところが、負け惜しみの強い人は「教えてもらえませんか」といえず、「お暇なんですね。私は仕事が忙しくて趣味に興じている時間がありません」といった言い方になります。聞きようによっては嫌味ですね。

これでは、ほめ上手になれません。

謙虚になること、これもほめ上手になる条件のひとつです。

「君の瞳に完敗！」といってみよう

映画『カサブランカ』の名セリフ、「君の瞳に乾杯！」は愛する女性に捧げる最高のほめ言葉のひとつといわれます。けれども、このフレーズを借用して女性に愛の告白をしようと思っても、日本の男性にはとてもいえたものではありません。

ただし、「乾杯」ではなく「完敗」なら、実用的な「ほめ言葉」になります。

「君の瞳に完敗しました、もうメロメロです」といった、ほめ方。そんな「負けを認める」という話し方が、いいほめ言葉になります。

「私もゴルフはヘタなほうじゃないと思うけれど、あなたには敵いません。上達のコツをご教授願えませんか」

「あなたの料理っていつ食べても美味しいわ。悔しいくらい。ご馳走になるたびに負けたって思うわ」

「脱帽ですよ。あなたの交渉ごとの緻密さには太刀打ちできません。この条件でどうぞおすすめください」

単純に「上手い」「美味しい」「緻密だ」とほめるのではなく、「あなたには負けました」とつけ加えるほうが、より強いほめ言葉になります。

そのぶん相手は、嬉しく感じるはずです。

◇

前項で負け惜しみが強い人は、「教えてもらえませんか」というほめ方ができないと指摘しました。代わりに嫌味をいってしまう、と。

負け惜しみの強い人は、この「負けました」もいえません。

悔しさのあまり、こんな言葉でいい返してしまいます。

「今度は釣りで勝負だ。釣りじゃ負けませんから」

「美味しいけれど、私の好みの味じゃないわね」

「今回の交渉はご破算にしよう」

とかく負け惜しみの強い人は、ほめないのです。

加えて、認めない、尊重しない、人の話をよく聞かない——これではどんな人間関係においても、ゆるやかに敬遠されてしまうのではないでしょうか。

いい友人、いい家族、人間関係に恵まれたかったら、人をほめることです。

謙虚に「教えてもらえませんか」といい、素直に「私の負けです」といってみてはいかがですか。相手はそういう人に安心して親しみを持つのです。それは、お互いの心理的な距離感がぐっと近づくということです。

「陰《かげ》ぼめ」で真意がしっかり伝わる

赤の他人をほめるのは簡単です。

難しいのは、身近にいる人をほめることでしょう。

韓流ドラマのスターを追っかけまわして、「かっこいい!」「ステキ!」「しびれる!」と遠慮なく歓声を上げる奥様方も、韓流ドラマのスターなど日常生活の中ではまったく縁のない他人だからこそ臆面もなくほめることができます。

けれども、長年連れ添ってきたご亭主に、「今日のあなた、かっこいい!」などと歓声を上げる奥さんはいません。

よその家の子供はほめても、自分の子供はなかなかほめられません。

「いいお子さんじゃありませんか。活発で、賢そうだ」とよその家の子供は手放しでほめるのに、わが子には、つい「まったく、おまえはいつもぼんやりしているなあ。将来のことをちゃんと考えているのか、おい」と、嫌味が出てしまいます。

「たまにはほめてやらなければ」と思っても、実際のわが子の顔を見ると、ほめ言葉は引っ込んで文句が先に出てきます。

このようなケースでは、「陰《かげ》ぼめ」という方法があります。

「陰口」ではありません。相手のいないところで悪口をいうのではなく、ほめるのです。面と向かって夫をほめるのが気恥かしいのであれば、奥さん同士が集まるところで、

「私の亭主ね。ああ見えて、いい男なのよ」と、陰でほめておきます。

わが子は、会社の同僚や、友人や近所の人、とにかく会う人会う人に、

「頭はそれほどじゃないけど、素直でいい子なんだ、あれが」と、ほめておきます。

その噂は巡り巡って必ず当人に届きます。大事な手紙が転居先へ転送されるようなものです。

「あなたの奥さん、あなたのことをほめてましたよ。いいご夫婦ねえ」

「お父さんが、君のことをほめていたぞ」

そんな話が必ず当人の耳に入るときがやってきます。

心理学には、直接ほめられるよりも、第三者を通してほめられるほうが「真実味」を感

じ、その人にとってはより嬉しく感じられる――とする報告もあります。

これは会社でも使えます。

当人のいないところでほめる――なにかバカらしい感じがするかもしれませんが、ぜひ実践してみてください。当人の耳に届くまで少々時間がかかりますが、高い効果を見込めます。

どんな人間関係でも活用できるのが、この「陰ぼめ」です。大いに活用してもらいたいものです。

第2章

「ほめながら聞く」技術

「まず、ほめる」と人は安心する

公園で犬を散歩させている人同士が、お互いに「あら、かわいいワンちゃんだこと」「お宅のワンちゃんこそ、賢そうだ」と、ほめ合っている場面を見かけることがあります。この「犬ぼめ」がきっかけで、知らない人同士の話もはずみます。

私の知人は、この「犬ぼめ」の最中に「何歳？　名前は？」と矢継ぎ早に質問され、自分の年齢と名前を答えて大笑いとなり、これがきっかけで親しくなったということです。

◇

「ほめる」のは、知らない人に話しかけるときに、とても有効に使えます。

列車や飛行機で、病院の待合室や、あるいはパーティ会場で、ひとりで入ったバーで、話し相手が誰もいないというのは手持ちぶさたで間がもたないものです。

隣にいる人とちょっと言葉を交わしたくても、初めての人にいきなり話しかける勇気もなく、たいくつな時間を過ごすことがあります。

そんなときも、もちろんそのときの状況にもよりますが、「まず、ほめる」ところから入るのがいいと思います。たとえばベビーカーを押しているお母さんに、「まあ、かわいい赤ちゃんね、女の子？」と。

あるいは、ケータイで英語を話している人が席に戻ってきたとき、「流暢な英語を話されますね。海外で生活されたご経験がおありなのですか」

「犬ぼめ」ならぬ、そんな「赤ちゃんぼめ」「英会話ぼめ」が機縁となって話がはずめば、たいくつな時間が有意義なものになるかもしれません。他にも、相手の時計や万年筆などの所持品に関心を示して「ほめる」のもいいでしょう。

人と人とは「まず、ほめる」ところから始まります。ほめて、親しくなり、また会うのが楽しみになり……そうやっていい関係が醸成されていきます。

知らない人同士が偶然、同席する状況に置かれたときは、お互いに何かしらの緊張が生まれます。相手がどんな人かわからないのですから、本能的な警戒心が頭をもたげるのでしょう。これを解除するのが、「ほめ言葉」です。

「まず、ほめる」ことによって、相手は安心します。どうやら、アブナイ人ではなさそうだ……という感触が生じ、気持ちはふっと軽くなります。これで相手も「話しやすく」なります。あなたは「気軽に話ができる人」というふうに思われるのです。

「ずっと無視」では、絶対にこうはならないのですから、きっかけとしての「まず、ほめる」が効果的に作用していることになります。

久しぶりに会った知人にも「まず、ほめる」

学生時代の同窓会など、旧友に会う機会があります。

何かの会合の席で、思いがけない人と再会することもあります。

むかし懐かしい人に、街中でばったり出会う場合もあります。

「久しぶりに会わないか」と、古い友人に連絡する場合もあるでしょう。

さて、長い空白期間があるときは、その人とどういうふうに話のきっかけを作ればいいのか不安になり、少し緊張します。

「ああどうも、しばらく」「ご無沙汰してました」「お久しぶりです」といった定番の挨拶をした後、しばらく無言……という、居心地のわるい再会もあるでしょう。

ここでも、「まず、ほめる」のがいいと思います。

「相変わらず元気そうだね」

「ご活躍だそうですね。噂は聞いてますよ」

「あなたと会うと、いつも心がほっとします」

「しばらく会っていないうちに、ずいぶん成長しましたね」

「貫禄がついたなあ。立派になった」

……ほめ言葉をかけ合っているうちにお互いに気持ちがほぐれ、昔同様の空気が生まれます。ほめ言葉には、人の緊張を解きほぐす効果があるのです。

実際、昔の知人というのはいい思い出ばかりではありません。ささいなことで仲違いしたまま何年も連絡を取っていなかった相手という場合もあるでしょう。

以前は頻繁に会っていたもののそれほどウマが合う相手ではなかった、それほど仲がいいという相手ではなかった場合もあるでしょう。

以前は仕事でとても世話になっていたけれども、仕事のやり取りがなくなってからはまったくのご無沙汰、そういうケースもあると思います。

後ろめたいような、気まずいような、申し訳ない気持ちが先に立ち、お互いに相手の心理を探るような、落ち着かない状態でしょう。

こんなときも、「まず、ほめる」です。

「やあ、元気そうだな」「きみこそ、活躍してるそうじゃないか」と、お互いに目を合わせて、しっかり「ほめる」のがベストです。

ほめ合っているうちに、昔あったことは水に流そうという気持ちになれます。

あるいは、こうして久しぶりに会ってみると、「なんだかよさそうな人だ」と思えてくるはずです。ほめ合うことによって、お互いが寛容な心になり、「わだかまり」は消えているのです。お互いに「昔のこと」は忘れて、新しい関係が築けます。

ここで注意すべきことは、再会した瞬間です。相手の顔を見てうれしくなり、矢継ぎ早に質問し、すぐ昔に返ったかのような調子で、「なに、まだ独身なのか。相変わらずモテないな、おまえは」といったセリフを発することです。これは、「親しみを込めて」の、お近づきのメッセージのつもりでしょうが、相手が機嫌をそこねることもあります。最初は、慎重に「ほめ言葉」だけを発したほうがいいでしょう。

「ほめて誘う」と、人は動く

人を誘うときにも、「ほめて誘う」ほうが、その成功率は高くなります。

職場の飲み会に上司を誘うとき、

「やっぱり課長がいないと、場が盛り上がらないんですよ。ぜひ、ご一緒に」

と誘えば、「じゃあ、ちょっと顔を出すよ」と、気軽に応じてくれるでしょう。この誘い文句には、「課長の存在感の大きさ」を認識しているというニュアンスが含まれています。間接的な「ほめ言葉」、つまり「隠しぼめ」で誘っているのです。

「今日、ぼくたちで飲み会があるんですが、課長はどうします？」といった誘い方では、課長の気持ちははずみません。誘うどころか、静かに突き離しているかのような雰囲気さえあります。「今日は用事があるから、おまえたちだけやってくれ」と、つれない言葉が返ってくるのも当然でしょう。

◇

趣味の会やボランティアの集まり、団体の会合、地域の自治会に「あなたも参加しませんか」と誘うときも、この「ほめて誘う」が効果的です。

「あなたに参加してもらえると、会に箔がつくんです。お願いできませんか」

「あなたみたいな方を探していたんです。私たちにはあなたが必要なんだ。一緒にやりませんか」

「あなたが参加してくれれば、私だけじゃないのよ、みんな喜んでくれると思うんだけど、どう？　協力してもらえませんか」

たんに「参加しませんか」よりも、うんと説得力が増します。

そうか、自分はそんなに求められているのか、ありがたい話だ。自分がいることで役に立てるのであれば……と、迷いつつも少しずつ参加する方向で考えるようになるのが人間心理です。「ほめて誘う」が、人の心を動かします。

カリスマたるゆえんは「聞き上手」にあり

カリスマ美容師、カリスマスタイリスト、カリスマ弁護士、カリスマ料理人、カリスマ塾講師、カリスマ販売員、カリスマ占い師など、みなさん、その分野で卓越した技能や能力を持っていることは間違いありません。

「カリスマ」というのは、誰もが憧れる存在でしょうが、それとは別にカリスマと呼ばれる人たちすべてに共通した、これまた優れた能力があります。それは「聞き上手」という点です。

お客さん、相談者の話……たとえば希望、悩み、困っていることなど、すべて熱心に耳を傾けます。時に仕事とは関係のない話題にもなりますが、だからといって「それは私の立場では解決できません」といったツッケンドンな受け答えはしません。

カリスマ美容師に、「亭主とケンカしちゃって」とグチをこぼすお客さんもいます。

カリスマ料理人に、「上司と衝突しちゃって」と悩みを洩らす人もいます。

カリスマ美容師は髪の手入れはできますが、夫婦ゲンカの仲介をするわけにはいきません。カリスマ料理人は美味しい料理を作れますが、他人の上司との関係について話されても困ります。

しかし、顔を背けたり、耳を塞いだりするのではなく、熱心に相手の話に耳を傾けるのです。この「人の話をよく聞く」という態度が、「誠実な人柄だ」「包容力のある人だ」という印象になります。

卓越した技能や能力だけでは足りません。これに「聞き上手」という特徴が加わって、その人は「真のカリスマ」になるのです。

聞き上手は、「ほめながら聞く」コツを心得ている

聞き上手な人ほど、人から好感を持たれます。「聞いて、聞いて、聞いて、話す」という割合で会話をすると印象がいいという説もあるぐらいです。

「三つ聞いてひとつ話す、ひとつ話したら三つ聞く」というテンポですが、私は、ここに

もうひとつつけ加えておきたいと思います。

それが「ほめる」です。聞き上手な人ほど、ほめ上手――つまり、「ほめながら聞く」ことをおすすめしたいのです。

人の話は黙って聞いていればいいのではありません。

たとえば、無言でじっと相手の目を見つめながら話を聞く姿には、底知れない敵意がこめられている印象になりがちです。話を終えたとたん、反論をまくし立ててくるのではないか？　これでは相手も話しづらいでしょう。

「ふんふん、えーえー、はいはい」と、盛んに相槌を打ちながら聞くのも、「無言で聞く」より印象はいいかもしれませんが、「いいかげんに聞き流している」「聞いているふりをしながら上の空になっている」という軽薄な感じがしないでもありません。

やはり、心をこめて「ほめながら聞く」のが効果的です。

「亭主とケンカしちゃって」とグチをこぼす奥さんには、

「仲がいいほどケンカするっていいますよ。上手くいっている証しじゃありませんか。うらやましいわ」

と、ほめながら聞くと、相手の心が浄化されるのです。だいたいカリスマ美容師に「夫婦ゲンカしちゃって」といった話をする人は、半分はグチで半分はノロケです。憎しみ合って夫婦ゲンカをする奥さんなら、カリスマ弁護士に話をするでしょう。

ですから、「うらやましい」といってほめれば、「そうかしらねえ」といいながら、心の中には安心と喜びが生まれているはずです。あるいは、

「きっとご亭主のほうから、ごめんなさいって謝ってくるわ。だってあなたのご亭主、いい人だもの。あんな優しいご亭主を持てて幸せじゃありませんか」

といった具合に、亭主のほうをほめるのもいいでしょう。亭主をほめるのは、その妻をほめるのと同じです。

少しでも愛情が通っている夫婦であれば、自分がほめられているような気分になってきます。「そうかなあ」と答えながら、やはり、心の中では安心と喜びが少しずつ広がっているのではないでしょうか。

「ほめられる」ことによって、心の中にあるグチは減少し、ノロケは増幅して、幸福感が生まれます。自分を「いい気持ち」にさせてくれる美容師に対して「カリスマ」の冠をつ

けたくなる心理は納得できるのではありませんか。

ほめられると、人の心は「浄化」される

「上司と衝突しちゃって困ったよ」と悩むビジネスマンには、「それはお客さんが有能でやる気があるからですよ。だから時に、上司と意見がぶつかることもあるんでしょう。やる気のない人なら、上司とぶつかることもないでしょう。そのあたりのことは、料理人の世界も同じですよ。才能とやる気がある若手に限って、生意気なことをいうんだから……」

このように、ただ「人の話を聞く」のではなく、「ほめながら聞く」ことによって、「あなたのために貢献します」という誠実さや、「あなたという人間を丸ごと受け入れます」という包容力を、より強く印象づけられます。

卓越した技術や技能は、カリスマ仕事人としての信頼が生まれます。

「ほめながら聞く」という行為は、その人が持つ人間性への信頼が生まれます。

この二つがそろって、初めて「真のカリスマ」になれるのです。

◇

ところで、聞き上手はなぜ人に好かれるのか。ここには、二つの要因があります。

ひとつは、誰かに話を聞いてもらうことで「精神的に浄化された」と実感できるからです。心の中にわだかまっていたモヤモヤが、人に聞いてもらうことによってスッキリします。これは気持ちが軽くなったということで、自分が救われるのです。聞き上手な人は、相手が心にためているストレスを吐き出させる力があるということです。

もうひとつは、話を聞いてもらった相手のひと言で、「そうか、そういうことだったのか」と気づく点があるからです。また、聞き上手な人に乗せられて夢中になって話しているうちに「話の内容」が整理され、ハッと大切なことに自分で気がつき、目の前が開けたような感じがします。

この「浄化」と「気づき」が、話を聞いてくれる人への好感につながっていくのです。

そして、「浄化」と「気づき」は、まさに「ほめられる」ことによってもたらされるということも強調しておきます。

ほめ言葉で、「いい暗示」にかかる

「夫婦ゲンカしちゃって」という奥さんの話を、

「それで、どうするの？ 離婚ですか？ お子さんはどちらが引き取るんですか？ ケンカの原因はどちらにあるんですか？」

などと質問を浴びせながら聞くのでは、その奥さんの心が浄化されることはありません。

「うちの上司と衝突しちゃって」と悩むビジネスマンの話を、

「だからいわんことじゃない。あなたは我が強すぎるんです。いつか誰かと衝突すると思ってました。この機会に少し反省したほうがいい」

と説教しながら聞くのでは、このビジネスマンの精神状態は浄化されません。

「仲のいい証し。うらやましい」とほめてこそ、「有能でやる気がある」とほめてこそ、心のストレスは吹き飛び、きれいに浄化されていくのです。

興味本位の聞き上手や、説教臭い聞き上手では、ストレスがたまるばかりです。

「ほめながら聞く」で、浄化されるのです。

ほめ言葉には、人の心を清らかにする効能があるのです。

「気づき」についても、ほめるのが大切になってきます。

「仲のいい証し。うらやましい」とほめてこそ、「そうか、じつは私たち、人にうらやましがられるほど仲のいい夫婦だったのか」と気づきます。

「有能でやる気がある」とほめられてこそ、「私は私なりに一生懸命に頑張っているのだな」と気づけます。「真実がどうか」は関係ありません。いや、真実などどうだっていい。「いい意味で気づく」ことが大切なのです。

「じつは仲がいい」「私なりに頑張っている」と気づいて、前向きな気持ちになれるなら、それで十分です。その意味では、ほめ言葉によっていい暗示にかけられる、というのが正しいかもしれません。

真のカリスマ——その実体は、技術の熟練は当然のことながら、これに加えて「ほめ言葉によっていい暗示をかける」、そういう話術を身につけている人ともいえそうです。

「ほめながら聞く」、この会話法を身につける

先ほどの「真のカリスマ」が述べていたことは、おもに相手の「夫婦関係」について、「仕事の人間関係」についてであり、その人にとっての重大関心事です。だから相手の心のツボにはまった、という一面があります。これと同じで、相手が得意とするもの、熱心に取り組んでいるもの、注目してほしいと思っているものを「ほめながら聞く」のが効果的です。

相手の心のツボにはまる「ほめながら聞く」の実例をいくつか挙げておきます。

・知識や薀蓄《うんちく》を披露する人には、
「それは知らなかった。**いいことを教えてもらいました**」

・アドバイスや注意を受けたときは、

「なるほど、そういう視点を持つことが大切だったんですね。**目からうろこが落ちました**」

・「これは私の意見なんですが」と断ってから話し出す人には、

「さすがに○○さんは、**目のつけどころがいいですね**」

・ボランティアなどの慈善事業に参加した体験を話す人には、

「誰にでも、できることじゃありませんよね。**あなたのような人の存在が、**じつは、この世の中を下から支えているんでしょうね」

・自慢話をする人には、

「それはうらやましい。**私には真似したくてもできません**」

・自分の力を誇示する人には、

「あなたには適《かな》いません。**私は降参します**」

お礼をいうとき、ほめ言葉を添える

「ありがとう」という感謝の言葉を述べるときには、ほめ言葉を添えると効果的です。「ありがとう」は一般的に使われる社交辞令ですから、いいっ放しでは実感がこもりにくいといえます。そこにほめ言葉をひとつ加えると、「ありがとう」がもつ印象がぐんとアップします。ほめ言葉が、料理の味を引き立てる調味料となります。

◇

友人から、「このミステリー、めちゃくちゃ面白かったわよ」と、一冊の本を貸してもらったとします。さて、読み終わった本を返すとき、「ありがとう。面白かった」だけでは、味気ない印象です。

これに続けて、「さすが、○○さんは読書家ね。ベストセラーの本ではないけど、しっかりいい本を見つけ出しているのね」という言葉が加われば、「ありがとう。面白かった」

という言葉の風味が一段と引き立ちます。

さらに、「あなたは、どんな点が面白いと思った？」と尋ねてみてはどうですか。「私は、登場人物の誰々の生き方に感動した」と、相手が答えたとします。

そこで、もうひとつ、「深い読み方をしてるのね」とほめれば、相手は「本を貸してあげて本当によかった」と満足し、「この人とは、いい話ができる」と友情の絆も強まっていくのではないでしょうか。

「深い」という言葉を使いこなそう

ちなみに「深い」という言葉は、ほめ言葉としてたいへん重宝しますので、自分なりの「深い」を使ったフレーズをいくつかストックしておくのもいいでしょう。困ったときの「ほめ言葉」として役に立ちます。たとえば、

「考えが深い」

「洞察力が深い」

「深い人間性を持っている」

「思いやりが深い」

「深い味わいが出ている」

これらは、その活用頻度も高いのではないでしょうか。この「深い」という言葉を使った「お礼ぼめ」の実例もいくつか挙げておきましょう。

・仕事の助力をあおいだ人にお礼をいうときには、
「あなたのように**深いお考え**でお力添えいただくと、私のような浅はかな人間は本当に助かります。ありがとうございました」

・人を紹介してもらった人にお礼を言うときは、
「この分野に関して、あなたは本当に**深い人脈**をお持ちだ。うってつけの人を紹介していただき、感謝いたします」

・贈り物をもらった人にお礼をいうときには、
「あなたの思いやりの心、たしかにちょうだいいたしました。**深い味わいのある**お品、いつもながらいい品を選ばれると感心してるんですよ」

・おもてなしを受けた相手のお礼をいうときには、
「お心づかい、ありがとうございました。私の心にも**深く伝わる**ものがございました」

「深い」という言葉を使うだけで、感謝の気持ちがより強く伝わります。

このような「お礼ぼめ」が自然に口から出るようになれば、必ず、「きめ細やかな心の、とてもいい人」という評価につながります。

今からでも「お礼＋ほめる」という意識を強くもって、自分なりの「お礼ぼめ」の型を身につけるよう訓練してみてはどうでしょうか。あなたは、いつのまにか「なんか感じのいい人」といわれる人になっているはずです。

第3章

「ほめてお願いする」技術

「ネガティブな感情」は必ず相手に伝わる

どうにも性格が合わない、相性が悪い――あなたにも、そんな人がいるでしょう。

上司の命令で、そんな人とコンビを組んで仕事をすすめなければならなくなったら気が滅入りますけれども、これは「お互い様」といった一面もあります。

できれば、そんな人とも、それなりに円満にやっていきたいものですが、そのためのいい方法が「ほめる」です。

自分と合わない部分について、私たちはつい悪く考えてしまいます。

「あの人のグズには困る。ひとつの仕事に、なぜあんなに時間がかかるんだ」

「しつこいのよね。いいかげんにしてよ。いつまで同じこと、いってんのよ」

「優柔不断なんだよ。もう少し自分の考えをはっきりいってくれよ。あんなにノラリクラリじゃあ、こっちが迷惑だ」

「頑固なのよねえ。どうしようもない頑固者。これだけ説明してもわかってくれないんだから、嫌になるよ」

などと、相手を責める考え方になりがちです。

たとえ口に出さなくても、このような感情は知らず知らず相手に伝わっていくものです。好意的な感情は伝わりにくいが、「嫌い」「気に入らない」「イライラする」といった感情はすぐに伝わってしまいます。

つまり、心に思うネガティブな感情は、口で述べたも同然なのです。

「イラッときたら、まずほめる」の法則

心の中のネガティブな感情、どうせその感情が伝わっていくのであれば、口に出していってしまうほうがいい……なかなか合理的な考えです。

ただし、文句をいうのではなく、性格が合わない相手を「ほめる」のです。

「よく考えて慎重に物事を進める性格なんだなあ。あなたのような人がいると安心ですよ」

「ねばり強いんですね。最後まで諦めないっていうか。見習いたいです、あなたの性格」

「よく考えて、しかしいったん決断したからには積極果敢な行動に出るといったタイプの人なんですね。かっこいいなあ」

「周りが何といおうと、自分が決めたことを最後まで貫く人なんですね。幕末の英雄、坂本龍馬みたいですね。あこがれます」

……など、とにかくほめてみるのがいいと思います。

私がここでいいたいことは、「イラッときたら、すぐほめる」の実践です。

イラッとした感情に任せて文句をいえば、ますます興奮して「自分の口が何をいうか」わかりません。おそらく大声で相手をののしり、いっそう嫌いになります。翌日も顔を合わせる同僚なのですから、そこまではしたくありませんね。

この場合は、ほめるのがいいのです。

ほめれば、嫌いな相手でも苦痛ではなくなります。これが人間心理の法則です。

嫌いな人、苦痛でしかなかった人とのつき合いが、それほど気にならなくなり、そのうちに、「相性が合う人よりも、あんがい合わない人からのほうが、人生の教訓をたくさん学べる」とさえ思えてきます。

職場、趣味や勉強会の集まり、友人同士の集まり……など、人が集まる場所にいけば、相性が合わない人とのつき合いは避けられません。

どうせ避けられないなら、ポジティブに取り組んでいくほうがいいでしょう。

そのための賢い手段が「ほめる」です。

「嫌いな人に出会ったら、言葉を尽くしてほめる」ことが、自分を楽にします。どんな人とも穏やかな関係であるためには、これが処世術のひとつになります。

「ややこしい相談」は、ほめて持ちかける

面倒なお願いをしなければならないときは、誰でも気が重くなります。どのような話し方で持ち出せばいいのか迷いながら相手と会うことも少なくないでしょう。

軽い調子で「いいよ。引き受けた」と返事してもらいたいがゆえに、こちらから軽い調子で話を持っていきたくなりますが、だいたい、相手を怒らす結果になります。

だからといって重々しい話し方をすれば、よけいなプレッシャーになり、相手は断りた

いと思うでしょう。

どうやって「あなたの頼みならば、やりましょう」といわせればいいのか。

いい方法として、「ほめてお願いする」があります。

「この窮地を救えるのは、あなただけです。**あなたの力量でしか、この難しい状況は乗り越えられません。**どうかお引き受けください」

ある会社や団体が不祥事を起こし、社長は責任をとって辞任するわけですが、その後継としてある人物に白羽の矢が立つ。組織の立て直しのためにトップへの就任を依頼するときなどによく使われるフレーズです。

「あなたの技量、経験、知識、人望を見込んでお願いに上がりました。**あなたほどの腕前を持つ人間は見当たらない。まったく無二の存在です。**どうか力をお貸しください」

新興の料理屋さんが、老舗料亭の腕利きの料理人をヘッドハンティングするようなときには、おそらく、このような話し方がなされるのではないでしょうか。

料理人に限らず、個人が持つ特殊な技能がなければ成り立たない仕事がたくさんあります。そんな技能を持つ相手にお願い事を持っていく際の、話し方の一例です。

「困ったときに無理なお願いをいえるのは、あなたしかいないんです。**あなたの思いやりの深さだけを頼りに、お願いに来ました**」

これは私の想像ですが、明治維新の英雄、西郷隆盛などは多方面からこのような頼み事をされるケースが多かったのではないでしょうか。実際に隆盛という人物は、「道理が通ったことであれば、頼まれたら断れない。損得抜きで応じてしまう」という人間性で、同時代の人に知られていたようです。

薩長同盟の際に坂本龍馬から、江戸城無血開城のときには勝海舟から、西南戦争のときには同郷の士たちから、「西郷さんの人間性だけが頼りです」といった話があったかもしれません。

◇

ともかく人間、ほめられて悪い気はしません。

相手の技量、力量、経験や知識、人間性など十分に認めて、ほめて、「頼りにできるのは、あなたしかいない」という印象をどうアピールするかがポイントです。

この「お願いぼめ」で誠意を尽くせば、一筋縄ではいかない頼み事も、「まあ、しょうがない」「相手があなたでは、断れない」となるのではないでしょうか。

「きみがウンといってくれないなら僕も降りる」と訴える

以前NHKで放映された大河ドラマに『新撰組！』がありました。

脚本は、三谷幸喜さん。

三谷さんは、主役の近藤勇役には、どうしてもスマップの香取慎吾さんを起用したかったけれども、人気者の香取さんは忙しい。受けてくれるかどうかわかりません。

その香取さんを、三谷さんは「あなたが引き受けてくれなかったら、私もこの仕事から降ります」といって口説いたそうです。

覚悟の強さを表した言葉の裏に、役者としての香取さんをいかに三谷さんが高く評価しているかが伝わってきます。「香取さんはすばらしい役者だ」などと、ストレートにほめているのではありません。けれども、香取さんは「高く評価されている自分」を感じるのです。このような「隠しぼめ」に効果が生まれます。

たとえば、会社で大きなプロジェクトの責任者に指名されたとします。

プロジェクトを成功させるために、どうしてもある人物を参謀役として招聘《しょうへい》したい。そんなときに、

「あなたが引き受けてくれないなら、私はこのプロジェクトの責任者を辞退します」

と口説かれたら、簡単には断れません。自分に置き換えて想像してみてください。これを断るには、それ相応の理由が必要です。ただ「イヤだから」「やりたくないから」というのではなく、相手が「それでは仕方がない」と納得してくれる理由を探すのは大変です。

あるいは、ある女性にプロポーズする際に、

「あなたがぼくと結婚してくれないなら、ぼくは一生誰とも結婚しません」

さて意中の女性がどのような返事をするかはわかりませんが、ただ「結婚してください」というよりは説得力のある口説き方になります。女性も、真剣に悩まざるを得ません

し、誠意を持って断るには、相手が納得できる理由が必要です。
自分を賭ける――相手は、そのぐらいあなたは大切な存在だということを暗にほめているのですから、そのレベルに合わせた返事や理由でなくてはならない、ということです。

日本人はなぜか「プロ」「一流」という言葉に弱い

「さすがに、この道のプロですね」

「一流の技を見せてもらいました」

といったほめられ方をされると、自尊心を微妙にくすぐられる人は少なくありません。

日本人は、どういうわけか「プロ」や「一流」という言葉に弱いようです。

これは、人にものを頼むときにも使えます。

「プロの中のプロと見込んで、お願いにまいりました」

「ぜひプロの仕事を見せてもらえませんか。よろしくお願いします」

「一流の仕事とはどんなものか、私のためにご披露いただけませんか」

「今回だけは一流の人間を揃えるようにとの、社長の命令なんです。そこで、こちらに参上した次第です」

もちろん、それなりの技能、能力を持っている人でなければ、このようにはいえませんが、「ぜひこの人にお願いしたい。この人でないとダメだ」という意中の人がいる場合には、効果的な「お願いぼめ」になると思います。

「お金ぼめ」「地位ぼめ」で、相手は不機嫌になる

「お願いぼめ」について、下品なほめ方は逆効果です。

特に注意すべきは「お金」と「地位」でしょう。

「儲かってるって聞いてますよ。すごいですねえ。あなたは金儲けの上手い人だと、以前から思ってました。本当に。ところでお願いなんですが、少々工面していただけないでしょうか」

「ご出世なされましたねえ。私から見れば、今じゃあ、雲の上の人だ。会ってもらえない

かと心配しましたよ。いやね、あなたの地位を見込んで、ひとつお願いがありまして」

財産や地位をほめながらお願いしてくる人間は怪しい、財産や地位を見込んでの頼み事に碌《ろく》な話はない……これは、まっとうな人間の常識でしょう。

自分の懐具合を探られているようで、気分もよくない。自分が軽く見られているようで腹も立ってくる。話を打ち切って、「図々しいにもほどがある」という話になるでしょう。

もちろん、そのときの断り方にも工夫が必要です。

「ほめて断る」が、断り上手のコツ

逆の立場で、差し障りのない断り方をする際にも「ほめる」が役立ちます。

「ほめて、断る」です。

お見合いの相手を断るときには、

「**あちら様のような立派な方**には、(私のようなつまらない人間よりも)もっとふさわしい方がいると思います」

ある団体の理事への就任依頼を断るときには、

「**代々、立派な方が理事に就任されてきた。**私のような人間では力不足ですよ。辞退させてください」


偉い人から面倒な仕事を押しつけられそうになったときには、

「**あなた様のような方**から、わざわざ私をご指名いただくのは身に余る光栄ですが、私などよりももっと適任者がいるように思われます」

偉い人の、よけいお節介を断るときには、

「いや、**部長ほどのお方にわざわざ**お出ましいただかなくても、私たちで何とか処理できる問題ですから、どうぞご心配なく」


知人の、ありがた迷惑な申し出を断るときには、

「**本当にきめ細やかな心遣いができる**方なんですねえ。しかし今回は『助けてやろう』と

いうお言葉だけ、ありがたく頂戴しておきます」


相手としても、ここまで持ち上げられたら、怒るわけにはいかないでしょう。

「それじゃあ、またの機会に」と、おとなしく引き下がるのが社会人の常識でしょう。

「挨拶ぼめ」で、相手の心をぐいとつかむ

初対面での「人の印象」という観点からいえば、大切なポイントがふたつあります。

最初と最後、つまり挨拶と別れ際です。

この二点のポイントで上手に相手をほめると、いい印象が生まれます。

挨拶段階でのほめ言葉は、やはり明るい笑顔と声で、景気よくやりたいもの。

「やっとお目にかかれました。あなたと会ってお話できる日を**楽しみにしてました**」

「お目にかかれてうれしいです。**たいへん光栄に存じます**」

「お忙しいところ、わざわざ**私のために時間を割いていただき恐れ入ります**」

挨拶のほめ言葉は、このように「会えた喜び」を率直に表現するのがいいでしょう。

「いいお召し物ですね」だとか、「ご立派なお住まいで」などと、相手の着ているもの、身に着けている装飾品、持ち物、家、車、あるいは「おきれいですね」「お若いですね」などと容姿をほめる方法もありますが、これはつい「やり過ぎ」になりがちで、下手なセールスマンの常套句に聞こえてしまう危険性もあります。

初対面ではやはり、「目に見えるモノ」を取り上げるのではなく、「出会いの喜び」を表現するほうが相手の心をぐいとつかめるのではないでしょうか。

上手にほめて、不義理を帳消しにする

ある企業経営者のエピソードです。

業界、財界の役職も兼ねているその人物のもとへは、日々ひっきりなしに来客があり、時には控え室に複数の客を待たせてしまう日もあります。

さて、彼は最初に招き入れた客にはこういいます。

「あなたとは真っ先にお話ししたかった」

後回しにしてしまった客にはこういいます。

「お待たせして申し訳ない。あなたとはじっくりお話をしたかったもので」

相手の自尊心をくすぐる、気の利いた挨拶ですね。

「あなたとは真っ先に」といわれても、「あなたとはじっくりと」といわれても、相手が受け取る印象は、「私は彼から特別待遇を受けている」ということです。

なにげない言葉の中に、「私にとってあなたは特別に大切な存在だ」というメッセージが含まれているのです。特に「後回しになった客」は、いつまで待たせるんだ、私を軽視しているのか……など、よからぬ感情が芽生えている可能性もあります。それを一気に取り除く「ほめ言葉」になります。

さて、応用編――。

ある営業マンが新商品の紹介のために取引先を回るとしましょう。

取引先は何軒もあるために早朝から営業をかけなければなりません。

しかし、あまり早い時間に訪問すると、相手先の迷惑になるかもしれません。

とはいえ早い時間から営業に回らなければ、一日のうちに仕事が終わりません。

そこで一軒目の訪問先には、

「まずは日頃一番お世話になっている御社にご紹介しなければならないと思いまして、朝一番で真っ先にお伺いしました」

こういえば、「なんでこんなに早く来るんだよ」と腹立たしく思っていた相手も好意的に受け取ってくれるのではないでしょうか。

◇

朝の出社時に「今日は大事な話があるから、できるだけ早く帰宅してね」と奥さんからいわれたとしましょう。しかし急な仕事が入って残業しなければならなくなり、帰宅時間が遅れてしまいました。

奥さんは「早く帰ると約束したのに」と怒るでしょうが、

「君との大事な話の最中に、仕事のことを思い出すようでは申し訳ない。君とじっくり話をするために、気がかりなことをすべて片づけてきたんだ。待たせたのは申し訳ないが、徹夜になろうと君との話につき合うよ」

こういえば、奥さんも少しは機嫌を直してくれるのではないでしょうか。

ほめ上手は、人の栄光欲を満足させる

先ほどの財界人のエピソードを続けます。

あるとき、官邸から「総理大臣がお会いしたいといっている」と急な呼び出しがあったそうです。急きょ官邸に駆けつけましたが、その時間帯に面会する予定となっていた客がいました。

官邸から帰るまで待たせることになったのですが、そのときの言い訳。

「たいへん申し訳ない。今、総理から急に呼び出されたものだから」

この言い訳にはふたつの意味があります。

自分との約束を後回しにして会いにいった相手がどこの誰かもわからぬ人間では、客はおもしろくありません。自分が格下げになった、という不満が生まれかねません。しかし「総理から呼び出された」といえば、客は「相手が総理ではしょうがない」と納得してく

れるでしょう。

もうひとつの意味は、相手に「自分は、総理から緊急に呼び出しされるほどの大物と今こうして話をしているんだ」と思わせる効果です。

心理学に《栄光欲》という言葉があります。著名人、有名人、大物と見なされているような人物との繋《つな》がりを持つことで、自尊心が満たされるという人間心理です。「総理から急に呼び出されて」という言い訳は、まさに相手の《栄光欲》を刺激するひと言です。その意味で、これもほめ言葉になっています。

「総理と直接話ができる、そういう私と話ができるあなただって一廉《ひとかど》の人物なのですよ」といっているようなものだからです。いわば、間接的な「ほめメッセージ」といえます。実際の言葉で「相手をほめる」のではありませんが、言葉の裏にある「ほめメッセージ」を言い訳という形で発信しています。

応用編――。

出がけに電話が入って、待ち合わせの時間に遅れたとしましょう。その言い訳として著名人、有名人の名前を出して、

「いやあ、申し訳ない。出がけに○○さんから電話が入ったものだから」

嘘も方便です。苦し紛れの言い訳として使える機会があるかもしれません。

これで相手は、「それじゃ仕方ないな」と納得するのと同時に《栄光欲》が満たされます。怒りもだいぶ治まるのではないでしょうか。

「ほめ別れ」で、悪い印象を残さない

挨拶と共に大切なのが、別れ際のひと言です。

いい雰囲気で話し合えたのであれば、素直な気持ちで「おかげさまで今日は楽しい時間を過ごせました。また会いましょう」といえばいい。何も難しくありません。

問題は、険悪なムードになってしまったときの、別れ際のひと言です。
・ちょっとした気持ちのすれ違いから、嫌味や悪口の応酬になってしまった。
・考え方の対立からいい争いをしてしまった。
・いわなくてもいいことをいって、感情的になってしまった——など。

別れ際に「さようなら。また今度」といいながら、心の中では「あの人には、もう二度と会わない」では、うまくありません。後味《あとあじ》の悪さは後々まで心に残るものです。イライラ、ムカムカ……そんなネガティブな感情は、おそらく相手も同じようなものでしょう。

意見の違いは違いとして、相性の悪さは悪さとして、嫌な思いを引きずることなく「さようなら」の挨拶をするのがいいのは間違いありません。

そのために役立つのが「ほめ別れ」です。

たとえ反感をおぼえた相手であっても、最後には「ほめて別れる」ことを心がけてほしいものです。

「今日は正直なご意見を、ありがとう。あなたのように率直にものをいってくれる人は、話をしていて気持ちいい。**私にとっては貴重な存在**ですよ」

「今日は楽しかった。いや、お陰様で本当に楽しい時間を過ごせました。これに懲りずに、**また話し相手になってくださいね**」

「**色々なものの見方を教えてもらいました**。おかげさまで視野が広がりました。また機会を見つけて、ご教授ください」

ほめるは人のためならず。自分のために、です。

自分を非難した相手をほめまくった後で、今度は自分自身を「私って、なんて寛大な人間なんだろう」と大いにほめてみましょう。

これで自分の気持ちを整理でき、ポジティブな自分でいられます。

第4章
コンプレックスをほめる！

相手の劣等感をほめる

人は、劣等感についてふたつの心理を持っています。

ひとつは、「自分が劣等感に思っている部分を消し去りたい、自分の中から除去したい」という心理。

もうひとつは、「劣等感に思っている部分も含めて、周りの人たちから自分という人間を受け入れてもらいたい」という心理。

一般的には、後者の思いのほうが強いと思います。

というのも、「劣等感を消し去りたい」と思っても、その困難さは誰もが知っています。けれども後者には、展望がありそうです。

ここに人間心理のツボがあります。

つまり、相手が劣等感と思っている部分をほめよ——です。

難易度は高いですが、これは殺し文句になります。

ほめるといえば、ふつうは、その人の優れたところ、プラスの面を見つけて称賛するものですが、逆もあります。

◇

劣っている部分をほめるのです。

ほめ言葉が大きな効力を発揮するのは、むしろこちらのほうです。それに、優れている点をほめても、喜んでもらえるとは限りません。

つまり、「美人を美人とほめるな」です。「キレイですね」とほめられれば喜ばない人はいないといっても、「ええ、わたしは美人です」と答えるわけにもいかず、「そんなことありません」と答えれば、「いや、あなたはキレイな人です、もっと自信を持って！」と、さらに追い込んでくるのですから辟易《へきえき》とします。

美人は「ほめられること自体」に、うんざりしていることもあります。というのも、容姿をほめられるばかりでなく、何から何までほめられるケースが少なくないからです。

ひとつの際立った美点があると、その他のすべてが好意的に感じられてくる——という人間心理があります。

アメリカで行われた有名な心理実験があります。

初対面同士の学生を大勢集めてパーティを開き、対人好感度調査を実施しました。その結果、美人ほど容姿以外の点でも好意的に受け取られていた――ということがわかりました。

つまり美人は、「性格もよさよう」「勉強もできそう」「趣味もよさそう」「スポーツもできそう」「ファッションセンスもよさそう」「人づき合いもよさそう」「行儀もよさそう」「歌も上手そう」「ユーモアのセンスもありそう」と、すべての面において評価が高かったというのです。

初対面なのですから、その内面性まではわからないはずですが、外見がいいというだけで「内面もよさそう」という印象になるのです。よく「美人は得よね」といった女性の声を聞きますが、確かにそういう一面はあります。

つまり、美人に対しては「〜も」という心理が働くのです。

さて、この「〜も」効果のために、会う人から、性格についても、ファッションセンスについても、ユーモアのセンスについても……ありとあらゆる視点からほめられます。

そのうちに、ほめられること自体に否定的な感情を抱くようになります。

美人の容姿をほめるより、弱点をほめる

私たちの日常生活の中でも、美人はほめても、なぜか怒った顔をする――そんな傾向を感じている男性は少なくないのではないでしょうか。

さて、美人にもそれぞれ劣等感があります。

いや、美人ほどじつは劣等感が強いという心理学者の報告もあります。

「キレイですね」とほめても喜んでもらえないなら、美人の持つ劣等感に照準を当ててほめるという方法もあります。

それは、「ネガティブな言葉」プラス「そんなあなたを私は好きです」というほめ方です。この話法が、美人にも有効に働くはずです。（詳細は第７章）

ある美人は、字がヘタということにコンプレックスを持っていたとしましょう。

ふつうであれば、人のコンプレックスには触れないというのが人間関係の鉄則ですが、

あえて触れます。

「必ずしも上手な字とはいえないが、ていねいな字を書こうとしている一生懸命な感じがよくわかります。こんな字を書く人に、私は好感を持ちますよ」

コンプレックスに触れずに穏便にすまそうとするのではなく、あえて指摘してから受け入れる、そういう方向で話すのがいいでしょう。

なぐさめるより、「コンプレックスぼめ」が効く

繰り返しますが、人は劣等感の部分を受け入れてもらいたいという心理があります。ですから、相手の劣等感をほめると効果が大きいのです。

口ベタなことに劣等感がある人には、

「あなたは口が上手いとはいえないが、**その朴訥《ぼくとつ》とした感じが、わたしは好きです**。巧言《こうげん》令色鮮し仁《れいしょくすくなしじん》ともいいますよ。あなたは、いまのままがいいのです」

ちなみに「巧言令色鮮し仁」とは、気に入られたいばかりに取り繕ったり、言葉巧みに

ものをしゃべる人に仁徳のある人はいない、自分の利益しか頭にないエゴイストばっかりだ、といった意味です。

逆に、「信用できる人は言葉が上手くない」というメッセージを発信しているのですから、これはほめ言葉になります。この場面では、他に「百黙一言」という言葉も使えます。無口な人がポツリという言葉にこそ真実がある、たまにしか口をきかない人のひと言には「なるほど、いいことをいう」と感心させられるものだ、という意味ですから、これもほめ言葉になります。

カラオケがヘタ、オンチであることにコンプレックスのある人には、

「たしかに上手いとはいえないけれど、それだけに**味があるっていうか、胸にジーンと伝わってくる**ものがありました」

どう聞いても、だれが考えてもオンチな人に、「上手い！　最高！」などと拍手を送れば、それは見え透いたお世辞です。正直に「上手くない」といってから「胸にジーンときた」とつけ加えると、信憑性が生まれます。

生まれ育った家庭環境に劣等感を持っている人には、

「家が貧しかったんですか？　いろいろ苦労もされたでしょうが、それよりも松下幸之助さんは、生まれた家が貧しかったことが私の成功のヒケツだっていってますよ。松本人志さんは、人気お笑い芸人になる条件に、生まれた家が貧乏であることっていってます。つまりハングリー精神です。**あなたは生まれつき、そんなハングリー精神を持っているん**ですね」

　多くの人にとって、劣等感が成功の原動力になっているというのは事実だと思います。

　実業界や芸能界はもちろん、アメリカの大リーグやヨーロッパサッカーのスター選手たちも、貧しい国の貧しい家庭環境の中で生まれ育った人が少なくありません。

　プロバスケットのスーパースターだったマイケル・ジョーダンは、若い頃は背が低いことに劣等感を持っていたそうですが、背が低い分だけ努力して、他の選手より俊敏な動きができました。それを武器に成功したのです。

　そんなエピソードをさりげなく紛れこませて会話をすることも、いいほめ言葉の技術となります。

「ほめられたら、ほめ返す」で意気投合する

会話はキャッチボールですから、「ほめる」のも、やはりキャッチボールが肝要です。ボールを投げられたら、投げ返す。つまり、お互いがボールを「投げ合う」のであり、これは気持ちを投げ合うことに通じます。「ほめられたら、ほめ返す」ことが大切です。ほめられっぱなしでは、キャッチボールになりません。ほめ返してこその「気持ちの投げ合い」であり、これを繰り返しているうちに意気投合します。

さて、その際の参考にしてほしいのが、自分が関心のある点についてほめたがるという人間の心理傾向です。

会う度に、あなたのファッションセンスをほめてくれる人はいませんか。「色の取り合わせがいいですね」「ステキなネクタイだ」「趣味のいいジャケットですね」など、さして気にしていないところも指摘してほめるのです。なぜかというと、自分自身がオシャレに興味があるから、人のオシャレにも目が届き、そのセンスをほめるのです。

いい換えれば、次のようにもいえます。

人のオシャレのセンスをほめるのは、自分のオシャレをほめてほしいからだ、と。もちろん意識してそう思っているのではないでしょうが、そういう心理が潜在していることは少なくありません。ここに「ほめ返し」のコツがあります。

「**あなたのようにオシャレな方**にほめていただくなんて光栄ですよ」

一緒に食事をしている人から、

「お箸の使い方がとても上品で、礼儀作法に適っていますね。見習いたいわ」

とほめられたときは、その相手自身が箸の使い方が上手い人、礼儀作法に関心が強い人だと考えて、こうほめ返すのがいいでしょう。

「いえ、**あなた様こそ、お箸の使い方がとってもきれい**です。先ほどから感心して見ていたんですよ」

注意点は、ほめられたことに上乗せして「ほめ返す」というところです。しかも、「同じところを」です。マナーをほめられたら、相手のマナーをさらに「ほめ返す」のです。マナーをほめられたのに、相手の腕時計を「ほめ返す」のは、効果的なキャッチボールとはいえません。

「ほめて質問する」が楽しい会話の基本

「ほめて、質問する」ことによって、会話がつづきます。

「ステキなブローチですね。もしかしてご自分で作られたんですか？」

このような質問をするのは、その人自身が手作りブローチを趣味にしている可能性が大です。ブローチが手作りか市販品かなど、一般人にはあまり関心のないことを質問するのですから、強い好奇心を持っているのは確かでしょう。

「さすが〇〇さんですね」と、相手の目の確かさをほめて、「〇〇さんも、手作りブローチを趣味にしてるんですか」と話を向ければ、そこから会話が弾んでいくでしょう。

もし、そうでない人であっても、「身につけるもの」に興味を持っていることは確かですから、「○○さんなら、お上手にできますよ。だって、ほら、美的なセンスもすぐれているし。きっと上達が早いと思いますよ」といったほめ返しもできます。

ほめるのが好きな人は、基本的に社交的な人でしょう。

とくに特定の物や趣味を話題にしてほめ言葉をかけてくる人は、そのことを話題にして楽しくオシャベリをしたいという気持ちが強いのでしょう。お互いにほめ合って、その場が盛り上がるのは自然のなりゆきです。

趣味の絵画でも、「あなたの作品」という

みなさんの身近にも、趣味でものを作ったり、絵を描いたり、写真撮影を楽しんだり、盆栽をしたり……そんな活動をしている人がいるでしょう。

それをほめるときは、「作品」という言葉を使うほうがいいと思います。

「いい絵ですね」ではなく、「いい作品ですね」。

「いい作品を見せてもらいました。ありがとう」

「見ていると、気持ちが広々してくるような作品ですね」

「丹精込めた作品だとお見受けしますよ。ご熱心ですね」

たとえ趣味のものであっても、「作品」と呼ぶことによって、「その人独自のもの」「その人にしか作れないもの」という意味が加わり、相手へのほめ言葉になります。単に「絵」「写真」というだけでは、誰でもできる一般的なもの、という印象になります。言葉を換えて「作品」というだけで、ほめ言葉はバージョンアップしているのです。

◇

さて、ここで注意すべきことをひとつ。

趣味で絵を描いている知人が、これまでの作品をまとめて個展を開いたとします。あなたにも、その案内状がきました。オープンの日、作品を鑑賞したあなたは、「まず、ほめなきゃ」という気持ちになると思います。がんばって描いてきたことは知っていますし、それが友情であり、人づきあいの常識でもあるでしょう。

そこまではいいのですが、相手に感想を求められたとき、

「いやあ、すばらしい。でも、もう少し明るい色彩のほうがいいと思うなあ」

「この作品の、この空白がいいねえ、でもこの空白、もう少し左にずらしたほうが、作品がしまるんじゃないかなあ」

など、自分なりのアドバイスする人がいるのです。もちろん最初にほめていることはいいのですが、アドバイスは不要です。素人画家であることを知っているがゆえの、「誠意を込めて」の素直なアドバイスのつもりなのでしょう。

けれども、これは「ほめたこと」にはなりません。「絵のことなんか何にもわからない人に、そんなこといわれたくない」というのが、画家の本心であることは間違いありません。

よくわからないことをほめる、こんなに危険なことはありません。ここで私がいいたいことは、自分も素人であることを自覚し、「評論してはならない」ということです。それよりも、ひとり言をそのまま言葉にしてほしいのです。

「わあ、きれい」「感動しました」「癒《いや》されます」など、感じたことをそのまま言葉にするのがいいのです。つい評論家気分になってアドバイスしてしまう……それが善意から出た言葉であることはわかりますが、結果として悪意に受け取られかねないですから、要注意です。

謙遜する相手には、重ねて「ほめる」

ほめられた人は、たいてい謙遜します。

「いえいえ、そんなことはありません。ほめすぎですよ」

「それはあなたの買いかぶりです。私はそんな立派な人間じゃありませんから」

「なんだか、こそばゆいなあ。照れ臭いから、もうやめてください」

ここで素直にやめてしまったら、ほめ上手にはなれません。

謙遜する相手には二度三度でもほめ重ねる――これが、ほめ方の鉄則です。

やめてしまったら、それこそ心からほめていない、上辺だけでほめていたのをみずから明かしてしまうようなものです。

「いやいや」と否定する人には、

「いやいや、ほんとですよ。誰にもできることじゃありませんよ。◯◯さんだからこそなんだ」

「買いかぶりだ」という人には、

「私だけじゃありませんよ。みなさん◯◯さんのことをほめてますよ。周りから、すごいっていわれませんか」

「こそばゆい」という人には、

「いいえ、いわせてください。私の受けた感動を、どうか語らせてくださいよ」

そういう「ほめ重ね」をすることで、「本気でほめている」ということが相手に伝わっていきます。

人をほめたくなるのは、その人から心を動かされる経験をしたからです。

自分が受けた感動を相手に伝えるために、ほめるのです。

しかし、自分の内にある感動は簡単には相手に伝わらないと知っておくほうがいいと思います。ひと言ほめたくらいでは、自分がどんなに感動したかということは相手には伝わりません。

ですから、ほめ重ね、言葉を尽くして何度も繰り返しほめる必要があるのです。

◇

感動を伝えるためには、表情やしぐさも大切になってきます。

心理学に《メーラビアンの公式》があります。これは、人の行動が他人にどのように影響を及ぼすかを判断するためのものです。

これによると、話の内容などの言語情報が7％、口調や声の調子などの聴覚情報が38％、目に見える視覚情報が55％といわれます。

もちろん、そのときの状況によってこの数字は大きく変動することもあるでしょうが、言葉から受け取る情報（話の内容）より、聴覚や視覚から受ける情報によって人は大きく影響される傾向があるのです。

「あなたはすごい。私は感動しました」という気持ちを伝えたいときは、真に迫った表情で、強い眼差しで、そしてはっきりとした声の調子で相手に訴えれば、それは単なる言葉以上の、ほめメッセージとして相手に伝わっていきます。

クレーム処理も「まず、ほめる」から始める

苦情やクレームへの対応にも「ほめる」のがいいと思います。

相手は、心理的には戦闘態勢に入っています。

「ほめる」のは、その戦意を失わせる殺し文句になります。


「たいへん貴重なご意見をいただきました。ありがとうございます」

「ご親切にわざわざご意見をちょうだいしまして、恐れ入ります」

「うかつにも、私、まったく気づいていなかった。教えてもらって助かったわ」

「勉強になるよ。今後とも勉強させてください」


ここでも、「まず、ほめる」ことが肝要です。というより、「まず、ほめる」こと以外に有効な手段はないと思います。他のやり方では、火に油を注ぐだけです。

怒っている相手に「そう怒ることないじゃないか」「もっとおだやかに話し合いましょう」などというと、いっそう相手を怒らせる結果になります。

イラついている相手に、「なにをイライラしているの」といえば、相手はますますイラついた態度で迫ってくるでしょう。

感情を取り乱している相手に「落ち着いて、冷静に話しましょう」といったところで、相手は、けっして冷静にはなりません。

ところが、ほめると相手は急に大人しくなります。

「火消し効果」といってもいいですが、要は、ほめ言葉には鎮静作用があるのです。

カッと頭に血が昇っている人に対して「ほめる」のは、分別をわきまえた冷静な大人でなければできません。そんな大人の振る舞いで対応されると、ささいな不都合を取り上げて大声を出して苦情、クレームをわめき立てている自分を「なんて大人げない」と反省する気持ちが生まれるからではないでしょうか。

そのうちに、「そんなに怒るほどのことでもないのかな」といった気持ちになるはずです。怒りの感情はだいぶ下火になり、口調も落ち着いたものになります。

第5章

「ほめ言葉」の心理術

似ているものと比較して、ほめる

自分を「価値あるもの」として見なす心理傾向を自尊感情といいます。この誰もが持つ自尊感情を少し刺激すると……それは上手なほめ方につながります。

そのテクニックとして参考にできるのが、心理学でいう「比較」であり、相手と第三者を比較してほめることによって、その自尊心に刺激を与えるという方法です。

まず、「下方比較」を説明します。

これは、相手より劣る人を引き合いに出してほめることです。

たとえば職場の部下を、「まったくA君には手を焼かされるよ。それに比べてきみは、しっかりしているね。安心して任せられる」と。

単純に「きみは〜」とほめるのではなく、そこに「比較される人物」が登場することによって、いっそう評価されているという実感が伝わります。

とくに相手が、何かしらの原因で心理的に負担を感じているときには、「下方比較」が効果的です。

たとえば部下が、取引先との仕事で失敗をして落ち込んでいるとき。

「ライバル会社である○○社の営業担当者に比べれば、きみは立派にやっているよ。だからこそ、なんだかんだいっても、うちのほうが取引量は優位に立っている。小さな失敗なんて気にすることないから、今の調子で頑張ってくれ」

こういわれれば、部下は救われる思いになると同時に、気持ちを入れ替えて出直そうと意欲もわいてきます。

たとえば社内でリストラが断行されているとき。いつ自分が追い出し部屋への異動が命じられるかわからないという状態で、ビクビクしているとき。

「A君やB君に比べれば、きみは実績も出しているし社内での評判もいい。リストラの対象になるわけがないじゃないか」

単純に「きみはリストラの対象にならない」といわれても、部下はほっとするでしょう。ですが、「A君やB君に比べて、きみは」というように実名を出していわれれば、非常に説得力が出てきます。上司の自分への信頼も大きいと実感できます。

ただし注意点があります。

「誰々に比べて、きみはすごい」と持ち上げられるほうはいいでしょうが、「持ち下げられる」ほうはたまったものではありません。

兄弟姉妹で、「○○ちゃんに比べて、どうしてあなたは悪い子なの」といわれたら、その子は間違いなく悲しみます。場合によってはイジケたり非行に走ったり、将来ひねくれた性格になってしまうかもしれません。

職場の同僚同士の関係も、兄弟姉妹の人間関係と同じでしょう。

持ち下げられた人がどんな反応をするか、予測不能です。

もちろん職場では、その本人がいる前で「持ち下げられる」ことはほとんどないでしょう。けれども、いったん口から出た言葉は、風に運ばれていく草の種のようなものです。「課長がね、○○さんに比べて、きみはなってないっていっていたよ」という話が人から人へ、噂という風に乗って運ばれます。

安易なひと言――これで後悔した人は少なくないでしょう。「いったん口から出ていった言葉は呼び戻せない」ということは肝に銘じておいてほしいものです。

「駟《し》馬《ば》も追うに能《あた》わず」という諺があります。

「駟馬」とは、四頭立ての馬車のこと。速力のある馬車で追いかけても、いったん口から出ていった言葉には追いつかない、ということです。

一人の部下を持ち上げれば、持ち下げられた部下は精神的にへこむことになります。あるいは反発して、ややこしい人間関係になりそうです。

「うちの上司はエコヒイキだ。あんな上司にはついていけない。みんなもそう思うだろう」と声を上げ、社内でも管理能力を問われる羽目になるかもしれません。

この「下方比較」という方法、効果てきめんには違いありませんが、そんな危険もありますす。劇薬のようなものですから、使うときは慎重に、です。

「著名人と似ている」も、ほめ言葉

「上方比較」という方法もあります。

これは、その人よりも劣っている人と比較する（下方比較）のではなく、優れている人と比較しながらほめる、という話し方です。

いくつか事例を挙げます。

たとえば、サッカーをしている息子を、「すごいシュートじゃないか。まるでネイマールみたいだ」と、ほめる。

知り合いになった女性を、「笑うと、タレントの○○に似ている」と、ほめる。

高級ブランドのスーツを新調した同僚を、「島耕作みたいに、かっこいい」と、ほめる。

その世界の有名人、実力者、人気者の名前を出して、さらりと「誰々さんみたいだ」と。これで相手は自尊感情が刺激されます。

「さらりと」に効果があります。しつこくやっては、うまくありません。相手はからかわれていると感じ、不機嫌になることもありますから、「さらりと」いった後は、別の話題にすり変えてしまうのがいいでしょう。これも「ほめる技術」です。

また、お世辞、オベッカの類として受け取られることもありますが、誰か特定の人を貶《おとし》めることになる「下方比較」よりも、この「上方比較」のほうが安心して使えるのではないでしょうか。

「あなたには特別〜」が、ほめ言葉になる理由

「あなたからのお誘いを断るわけにはいきませんね」

「私はね、あなたには特別、期待しているんですよ」

このように、ある人物を特別扱いすると、これも、ほめ言葉になります。

「ね、一杯どう？　その後、カラオケでも？」というお誘いに、簡単に「いいですね」と応じるより、「うーん、仕事が溜まっているんだけど、あなたからのお誘いでは断るわけにはいきません」というほうが効果的です。

これも「隠しぼめ」のひとつで、そこには「あなただから承知する」というメッセージが含まれています。

仕事場では、「期待しているんだから頑張ってよ」といういい方がよくありますが、ちょっと命令口調といった感じがあります。

「私はあなたには特別期待しているんだから、よろしくお願いしますね」のほうが、その

能力や才能を高く評価しているという感じが伝わります。

相手をほめて、仕事へのモチベーションを上げてもらうという意味では、この《特定化》という心理効果を応用した話し方を試してみるのもいいでしょう。

ただし、あの人にもこの人にも「あなたからのお誘いでは～」、「あなたには特別～」では、自分の社会的信用がガタ落ちになりかねません。

言葉通りの「特定な人」にしか使えない話し方であることを忘れないでください。

プライベートの話で、ほめ効果が生まれる

《自己開示》というのは、ある人に、自分のプライベートの生活について話すことです。「公の私」ではなく、「私的な私」を公開するという意味です。

「どこに住んでいる」とか、「どんな家族と共に暮らしている」といったことから「自分の趣味」「好きな野球の球団」など、そして「過去にこんな経験がある」といった打ち明け話、あるいは「今悩んでいることがある」といった心の内の問題までひっくるめて、あ

る人に打ち明けることです。

これも、ほめ言葉といっていいと思います。

信用できない相手、疑わしい相手、仲良くしたくない相手には、人は《自己開示》ではなく、むしろ自分を守るために「個人的な情報を閉ざす」のが普通です。個人的なことを聞かれても、言葉をにごしてごまかしますね。

私的なことを話すのは、それだけ「あなたは信用がおける人です」「私はあなたを信頼しています」「あなたは人間的に好感を持てる方です」というメッセージを含んでいますから、相手をほめているのと同じことになります。

相手はそういうメッセージを受信し、「この人は私のことを特別な目で見ている」と感じますから、より親しみが湧いてきます。

さて、《特定化》＋《自己開示》という二重のほめ効果を狙った話し方もできます。

「あなたにだけは話しておきます。他の人には絶対に秘密にしておいてね」

といえば、「あなたは口の堅い人間です」「あなたは約束を破ったり、信義を裏切ったりする人ではありません」と、暗にほめることにもなります。

相手を称賛する言葉を使っているのではありませんが、結果的にほめているのと同じことになり、これも「隠しぼめ」です。

これでもかこれでもかと称賛の言葉を浴びせかけるよりも、むしろ《特定化》+《自己開示》といった話し方で「暗にほめる」ほうが、相手の心に訴える効果が大きいのです。

ネクタイをほめるよりも、そのセンスをほめる

私たちには、あることと自分との関連性を主張したいという気持ちがあります。何かの事件が起きたりすると、つい、自分との関係を話したくなりますね。

たとえば、「東京スカイツリー、ついに完成」というニュースがテレビで流れます。それを見ていたお父さんは、息子に「東京スカイツリーの建設には、お父さんの会社がひと役買っているんだぞ」と自慢話を始めます。そこに割りこんで、お母さんは、「私が撮った東京スカイツリーの写真が、今、公民館に展示されてるのよ」と自慢します。

ビッグニュース、光栄であること、すごいことを見たり聞いたりすると、それと自分の

関連性を語りたい、そういう心理です。

スポーツ選手がオリンピックで活躍すると、急に親戚が増えると言います。これも《自我関与》の心理が働いているのでしょう。

遠い親戚でしかないのですが、「おめでとう。あなたが赤ちゃんだった頃、私がダッコしてあげたの覚えてる？　よく頑張ったわね」など、そうやって「時の人」と自分との関連性を確かめて、自分がオリンピックで活躍したかのような嬉しい気分に浸りたいのでしょう。

さて、ここに人をほめるコツも隠されています。

たとえば、ネクタイをほめるとき、「いいネクタイですね」だけでは物足りません。「東京スカイツリー、すごい」とだけいって、お父さんの会社や、お母さんの写真に言及しないようなものです。そのネクタイと、そのネクタイをしている人の関連性をほめないとうまくありません。

「いいネクタイですね。そんなネクタイを選ぶところにも、あなたのセンスの良さがうかがい知れますね」

と《自我関与》の心理を刺激するほうが、相手はぐっとくるはずです。

モノをほめるより人をほめよ、です。

「あら、珍しいデザインの靴ね」では、モノをほめただけです。

「珍しいデザインの靴ね。探すのに苦労したでしょう。あなたは徹底したこだわり屋さんだものね」で、人をほめたことになります。

モノをほめられても、嬉しさは半分です。人をほめられてこそ、人はうれしいのです。

「すごい！　東京スカイツリー作ったお父さんの会社すごいね」

「東京スカイツリーかっこいいけど、お母さんの写真もかっこいい」

これでお父さんもお母さんもうれしいのです。

「真似をする」が、相手をほめることになる

心理学における「シンクロニー」というのは、相手のしぐさや、表情、口調といったものに同調することを意味しますが、そこには、無意識のものもあれば、意識的なものもあ

ります。

無意識のシンクロニーとは、たとえば長年連れ添った夫婦です。おじいさんが欠伸《あくび》をするとおばあさんもつられたように欠伸をする。中年夫婦にしても、一方がお茶を飲むと、もう一方もお茶に手を伸ばす……とくに意識はしていないのに、長年一緒に暮らしているうちに生活のリズムが合ってきて、知らず知らずに動作がシンクロしてくるのです。

一方の意識的なシンクロとは、相手に敬意を表す行為となります。

たとえば、愛する女性をエスコートする男性は、女性の歩調に合わせてゆっくり歩きます。「女性の歩調に合わせる」という行為自体が、女性を大切にしているメッセージとなります。そう考えると、ひとりでさっさと歩いていく男性は、その女性を大切に思っていない可能性もあります。こんなところからも男性の本心がかいま見えるのですね。

人と話をするとき、意識して口調を合わせるのも、これに通じます。相手が早口の場合にはこちらも早口で、おっとりした口調だったらそれに合わせた話し方をするのも、敬意の表れといっていいでしょう。

人が真剣な表情で相談してきたときには、こちらも真剣な面持ちで話を聞く。これも相手に敬意を表す意識的なシンクロニーです。げらげら笑いながら聞くのは、相手をからかう行為であり、ここでも相手の本心が読めます。

さて、人をほめるとき——相手に敬意を表す「意識的なシンクロニー」に注目することで、面白いほめ方ができます。たとえば、

「○○さんのゴルフショットの真似をしてやってみたら、驚くほど距離が伸びました。やっぱり○○さん、理に適った体の使い方をしてらっしゃるんですね」

「あなたって、コーヒーを飲むときの手の動きが、とても優雅なのよねえ。私も真似してみていいかしら。あなたの真似したら、私も優雅な女に見えるかしら」

など、真似をされた相手はけっして悪い気はしないはずです。

動作だけでなく、使っているモノを真似るというほめ方もあります。

「課長と同じ手帳を使えば、私も課長のように仕事を効率的に運べるかと思いまして、課長と同じ手帳にしてみました」

こうほめられたら、課長もまんざらではないでしょう。「可愛い部下」と思い、親しみを覚えるのではないでしょうか。

「ふつう」をほめる、とっておきのテクニック

長所をほめるのは簡単です。こういってはなんですが、誰だってできます。

「ふつう」をほめる――これがけっこう難しく、ほめ上手でなければ、できる技ではありません。

経歴も、人物も、容姿も、能力も、これといって飛び抜けているところがない。すべてがふつう、といった人をどうほめるか？

「ふつうの人」に無理にいいところを見つけてほめたのでは、言葉が理屈っぽくなり、また嘘っぽくなってしまいます。これを避けるためにどうするか？

もっとも失敗しないのは、「ふつうが一番」というほめ方です。

あなたは、「ふつうが一番」と思ったことはありませんか。

実際、飛び抜けている人には、いろいろな難点もあります。

経歴抜群のエリートは、生意気で人を見下す傾向が少なくありません。

人物のすぐれた人は、人の好さが祟《たた》ってお金儲けがうまくありません。

能力がすぐれた人は毎日が忙しく、つき合いがよくありません。

いいところとよくないところが極端です。そう考えてみると、ふつうの人が一番気軽につき合えて、一番ホッとできて、一緒にいると楽――と思えてきます。

私がここでいいたいことは、「ふつう」というのはマイナス要因ではないということです。「ふつうの人」というのは、社会環境にうまく溶け込み、適応しやすいということです。その分、ストレスも小さくてすみ、人間関係もおだやかで、健全な社会生活を送る要因を多く持っているということです。

「ふつうが一番」というのは、けっして負けおしみやおためごかしではなく、正しい意見だろうと思うのです。

若いときは人の「飛び抜けたところ」に注目しがちですが、三十歳をすぎた頃からは「ふつうの良さ」に気づき始める人も少なくないでしょう。

その「気軽で、ホッとできて、疲れない」という印象をすなおに口に出せばいいと思います。テクニックなど要りません。すなおな気持ちをいえば、それがほめ言葉になります。

◇

心理学では《コントラスト効果》が知られています。

不動産屋が、マンションの部屋探しをしているお客さんを連れて何軒かの物件を見てまわります。「環境は抜群だけど、値段が高いのがネック」だとか、「値段は安いけれど、設備が悪い」とか、「環境、値段、設備など、どれを取っても標準」とか、いろいろ部屋がありまます。

お客さんにとって、当初「標準的な部屋」はあまり評判がよくありません。これといって印象に残る特徴がないからです。

しかし一長一短がある部屋を見てまわるうちに、だんだんと「ふつうが一番いい」という思いに変化していきます。結局最後に選ぶのは、ふつうに暮らせるところに落ち着きます。そこに「安心」を見つけるのでしょう。

人間関係にも似たようなところがあると思います。

色々な体験をしていくうちに、結婚相手にしても、ビジネスパートナーにしても、友人にしても「ふつうの人が一番いい」という心境に落ち着く傾向があります。

「内面をほめる」と、親しくなる

人をほめるコツとして、「意表をついたほめ方をする」というものがあります。

相手に「そんなことをほめられたのは初めて。私にそんな長所があったなんて、私自身知らなかった」と驚かせるのがコツです。

誰でもほめるようなことを指摘したところで、相手はあまり感動しないでしょう。

すでに述べたように、美人を「美人ですね」とほめるようなものです。

もっと意外なほめ方をしなければ、相手の気持ちが動くことはありません。

参考にしてほしいのが、心理学の《対人認知の原理》です。

これは人の印象はどのような要素から形作られるかという研究であり、おもな要素は次の五点です。

①外見　②容姿　③体格　④第一印象　⑤評判
いい換えれば、この五つの要素に着目して人をほめても、「ありきたりなほめ方」にしかならないということです。
①「ステキなお召し物だ。趣味がいいんですね」
②「いつもおキレイですね。美しさのヒケツはなんですか」
③「いい体してますな。何かスポーツでもやってらしたんですか」
④「第一印象がいい方ですね。とても明るくて、にこやかで」
⑤「あなたは素晴らしい方だって、評判ですよ」
こんなほめ言葉も悪くはありません。しかし、初対面での「挨拶の約束ごと」として受け取られてしまうこともあります。できるなら、この五つの要素から外れた点をほめることをおすすめします。

外見的なものに注目するのではなく、その人の持つ内面性、性格的な特徴を取り上げてほめたほうが効果的ということです。

「第一印象がいい」というよりも、

「あなたとは、ずっと長くおつき合いしていきたい」「あなたの将来が楽しみだ」といったように、将来を見通したほめ方のほうがいい感じになります。ここには「二人の、これからのストーリー」といった明るい展望がぼんやりと見えるからです。あるいは、「第一印象は柔軟性のある感じの方だとお見受けしますが、じつは芯の強いものをお持ちなのではありませんか」

といったほめ方です。少し視点を変えることによって、相手は「新鮮な感じ」に触れることになり、印象深いほめ言葉として届きます。

もし「これからのストーリー」が順調に発展したとすれば、この最初の「ほめ言葉」が効いていることは間違いありません。五年後も、十年後も、相手の記憶の中で生きている言葉になるでしょう。

第6章

「励まして育てる」心理術

「ほめてほめて、ほめまくって」人を育てる

人を育てたり、人を励ましたりするときも「ほめる」ことが大切です。

ほめて育てる——それは、「ほめて励ます」ということです。

そのポイントは、全幅の信頼を寄せて、です。

疑いを持ってのほめ言葉はうまくありません。

「あなたに期待してるんだけどなあ。でも、だいじょうぶかなあ」

「取りあえず今回は良かったよ。でも次回はどうでしょうか」

これでは、ほめられた人も不安になります。「指導する者と指導される者」という人間関係の中で、ほめ言葉の中にちょっとでも疑いの念が入ってしまうと、「指導される者」はそのマイナス情報のほうに気を取られる心理傾向が強いのです。

「指導者は自分の今後がだいじょうぶかと心配している。次回は上手くいかないと思っている」ということに気を取られて、マイナス思考にはまっていくのです。

誰かを育て励まそうというときには、微塵《みじん》の疑いもなく、「ほめて、ほめて、ほめまくる」ほうがうまくいった事例はたくさんあります。

◇

シドニーオリンピックの女子マラソンに挑む高橋尚子さんが、当時コーチであった小出義雄さんの指導を受けている様子がテレビで放映されていました。

走る高橋さんを車で伴走しながら、小出さんは「いいよ、いいよ、すごくいい。いいね、いい走りだ」と、とにかくほめまくっていました。

競技者というのは、不安でいっぱいです。

「この走りでいいのか。走り方にどこか狂いがないか。足のどこかに故障の兆候はないか。こんな練習方法では優勝できないのではないか」といったことを絶えず自問自答しながら、心の不安と闘っています。

もしコーチ役が「だいじょうぶかな?」といった疑いの言葉をかけたら、「やっぱりダメだ。もうダメだ」と、一気にマイナス思考の泥沼にはまり込んでいきかねません。

ですから、「いいよ、いいよ、すごくいい」と、とにかくほめまくって高橋さんが安心して練習に集中できるように仕向けていたのでしょう。「ほめまくる」ことによって、コーチへの信頼感は絶対的なものになります。

むろん、コーチとして注意点や厳しい助言をするときもあったでしょうが、高橋さんが走っている間は、ほめまくっていました。

注意点や厳しい助言は宿舎に帰ってから、つまり高橋さんが冷静に小出さんの言葉を受け止められる状態になってから、だったのでしょう。

ほめ言葉で「不安な気持ち」を和らげる

自分が受験勉強に打ち込んでいたときを思い出してみてください。

「落ちる」「滑る」は禁句でした。「受験」への不安な気持ちでいっぱいですから、「落ちる」「滑る」といった言葉に過敏に反応します。

どうなるかといえば、ほとんどのケースで、勉強に励めば励むほど、自信よりも「落ちたら、滑ったら」という不安のほうが大きく膨らみます。

親や教師の心ないひと言に傷ついた人も多いのではないでしょうか。たとえば、「頑張ってるなあ。おまえがそこまで頑張ると思わなかった。でも、ライバルはもっと頑張っているんだぞ。このままじゃ落ちちゃうぞ。もっと頑張れ」「模擬テストは良かったよ。でも模擬テストはあくまで模擬テストだよ。安心していたら滑っちゃうよ。だから気を抜いちゃいけないよ」

親や教師は「ほめて、励ました」つもりなのでしょう。

しかし、不安でいっぱいな受験生の耳には「頑張ってるな」というほめ言葉や「もっと頑張れ」という励ましの言葉ではなく、「落ちる」「滑る」というネガティブな言葉だけが鳴り響き、勉強も手につかないほどの不安に襲われることもあります。

不安を誘発するような励まし方はしない――これが励まし方の鉄則です。

相手の不安を払拭するようなほめ方をする――ほめ方の約束事です。

◇

アメリカの研究で、教師と生徒との関係について、次のような報告があります。

① 答えが間違っていても、批判は避ける。

②　答えが間違っていたときには、ヒントを与えたり、質問を変えるようにした。
③　答えが正しいときには、大いにほめた。

教師と生徒がこのような関係になれたときに両者の信頼関係が強まる、というものです。生徒は不安を抱くことなく勉強に集中できるようになる、といっているわけです。

◇

さて、先ほどの、受験生を励ます親と教師の言葉に当てはめてみましょう。

「このままでは落ちる」「安心していると滑る」というのは、生徒が潜在的に持っている不安を増幅させる「批判の言葉」になります。

親や教師に「このままでは落ちる」「安心していると滑る」という意識があるのであれば、ば、「では、どうすればもっと成績を伸ばせるのか」という具体的なヒントを提示しなければなりません。それは「こうすればもっと成績が伸びるんじゃないかな?」という話し方になるはずです。あるいは、「きみ自身は、どうすればもっと成績が伸びると思う?」と、前向きに考えさせる話し方になるはずです。

「このままでは落ちる」「安心してると滑る」は、具体的なヒントでもなければ、前向きに相手に考えさせる話し方でもありません。親自身、先生自身が、自分の不安を取り除くために「励ましたつもり」になっているだけです。

先ほどの高橋尚子さんの事例を、もう一度。

コーチの小出さんが高橋さんに注意を与えるときも、やはり批判的な話し方はしていなかったと思います。「こうすればどうか」とヒントを与え、「君はどう思う?」と考えさせる話し方をしていたのではないでしょうか。


以上、職場の上司が部下を育て励ますとき、親が子供を育て励ますときなど、さまざまなケースで参考にしていただきたいものです。

ほめ言葉も励ましの言葉も、相手の背中を押す話し方でなければ効果がないということです。自分を安心させるための「励ましたつもり」ほど、始末に悪いものはありません。

自分の言葉に部下がどう感じるか、そこまで考えてこそ、ほめ上手といえます。

「ほめて、仕事へのモチベーションを高める」、この目的意識を持ってほしいものです。

気弱で行動力が乏しい人は、ほめて鍛える

幕末の思想家吉田松陰は教育者としても並々ならぬ才能を持っていたようです。松陰が開いた松下村塾からは、久坂玄瑞、高杉晋作といった明治維新の英雄、伊藤博文、山縣有朋といった明治政府の傑物が輩出されました。

この松陰という人も、人を「ほめて育てる」ことに秀でていたそうです。

こんなエピソードがあります。

松下村塾に伊藤利助が入塾してきます。利助は後に博文と名を変え、明治政府の初代内閣総理大臣にまで出世しますが、若い頃は何をやるにも気弱で、大成する人物にはとうてい思われていませんでした。

しかし松陰は、「おまえには将来性がある。きっと大物になる」と、ほめ続け、俊輔という名まで与えたといいます。

松陰は、利助青年の将来を見通していたわけではありません。内心では、「どうかな

あ？」と首を傾げていたでしょう。

それでも、ほめました。ほめられてこそ人は育つという信念があったのだと思います。その信念によって松陰は傑出した教育者になれたのではないでしょうか。

◇

ここでは《ピグマリオン効果》について述べます。人には、期待されればされるほど、期待された通りの成果を出す――という心理効果を指す言葉です。

実験は、アメリカの小学校で行われました。子供たちに学習能力予測テストと名づけた知能テストが実施されました。

そのテスト結果によって、「今後数か月で成績が伸びる可能性を持つ子供たち」を選ぼうというものですが、実際には、実験者はテストの成績に関係なく、クラスの中から無作為に何人かの子供たちを選びました。

一方、そのクラスの授業を受け持つ教師たちにも、事実を隠したまま、「このクラスのAさん、Bさん……などは成績が伸びる可能性を持つ子供たちだ」と説明しました。

さて数か月後――驚くことに、そのクラスに集められた生徒たちは成績を向上させたのです。実験者はその理由を、教師が期待をこめて子供に接し、また子供自身も自分が期待されているのを意識して意欲をかき立てた結果と説明しました。そこから、期待がもたらす成果を「ピグマリオン効果」と名づけたのです。

腹のすわったほめ方で、子供は天才に育つ

ちなみに「ピグマリオン」とは、ギリシャ神話から取られた名前です。ギリシャ沖のキプロス島にピグマリオンという、才能豊かな若い彫刻家がいました。あるとき、ピグマリオンは自分が彫り上げた女性像に恋してしまい、天上の神様に「この女性像を私の妻にしたいから、どうか生きた人間に変えてくれ」と祈り続けました。その祈りの熱心さに神様は感銘し、願いを叶えてやります。つまり、「念ずれば通ず」が実現されたのです。

教師でも親でも指導的役割を担う人は「成績を伸ばしてほしい」という期待をこめて祈り念ずれば、期待通りの結果になる――このような現象を「ピグマリオン効果」という用

語でいい表したかったのでしょう。

ほめることほど、期待感を人に伝える方法はないと思います。期待されて育った子供が成績を伸ばす、イコール、ほめられて育った子供は将来的に大きく飛躍するということにつながります。

子供をほめよ――とアドバイスすると、ほめてばかりいたら、甘えん坊になってしまう、わがままな人間に育つ、自立心が育たない――という反論も聞こえてきそうです。実際、「ほめて育てた」けれども、わが子は思ったように育たなかった、という親もいます。

それは、ほめ方が足りなかったからではないでしょうか。ここでは、もっと腹のすわったほめ方をおすすめしたいのです。

◇

二十世紀絵画に革命をもたらしたといわれる画家のピカソと、二十世紀のエレクトロニクス産業の礎を築いたといわれる発明家エジソンの話をします。

子供の頃のピカソは、授業中でも夢中になって落書きばかりしていました。学校の成績は目も当てられないくらい悪かったそうです。先生がいくら注意しても勉強する気配がないので、ほとんど見放されていたのです。

そんな劣等生ピカソに、母親は「おまえはとんでもない逸物だ。将来は大司教か、さもなくば大将軍になるだろう」といい続けたそうです。当時のスペインは、まだ身分階級制度が色濃く残り、平民にとっては、聖職に就いて大司教になるか、軍隊に入って大将軍になるのが最高の出世だったといいます。

教師からも見放されている子供を「大司教か大将軍になる」と本気でほめられる母親は、よほど腹がすわった人だったのでしょう。

エジソンも劣等生でした。

授業中でもいつもぼんやりしているので、担任の先生が母親を呼び出して、「あなたのお子さんは知能の働きが鈍いのではないか」といったそうです。すると「うちの子を知能の働きが鈍いという、あなたのほうこそ知能の働きが鈍い」と反論し、エジソンを退学させて母親みずから勉強を教えた――というのは有名な話です。

この母親も少年エジソンに「おまえは天才だ」と、よくほめました。そうとう腹のすわったわが子への信頼と期待感をもっていたのです。

この母親あってピカソあり、エジソンあり。

口先でちょこちょこほめるのではなく、わが子を信じ、腹をすえて「大きくほめる」ところに効果が現れるのでしょう。

みんなの前でほめる効果

叱るときはだれもいない場所で、ほめるときはみんながいる前で——これは、人を育てるほめ方のひとつです。

みんなが見ている前でほめられるほうが、称賛の拍手、羨望の眼差しが集まります。その分、自分への肯定力が増し、「もっと頑張ろう」と、いっそうやる気になります。

一方、みんなの見ている前で叱られてしまったら？　これと逆です。

周りの冷たい眼差しに耐えきれず、ふてくされてやる気をなくす、というパターンになりやすいのです。上司は「奮起を促す」つもりなのでしょうが、自分への肯定力を削られた部下は、そういう心境にはなかなかなれないものです。

ここで私がいいたいことは、「ほめるときには、みんなが見ているところで盛大に」です。

◇

俳優の森繁久弥さんのエピソードを紹介します。

NHKの会長に川口幹夫さんという人がいましたが、この川口さんが番組制作局長だったときの話。当時、森繁さんはNHKラジオの日曜名作座で朗読をやっていました。

ある日、録音にやってきた森繁さんが守衛に止められて中に入れないという事態が起こりました。その守衛が新人で、森繁さんの顔を知らなかったのです。

いつもは顔パスで出入りしていた森繁さんがカンカンになって怒っている——という連絡が川口さんのもとに入ります。川口さんはすっ飛んでいって平謝り。その際の謝罪の仕方がとても誠意があったのでしょう。森繁さんはツムジを曲げたまま自宅へ帰ったのですが、内心ではそのときの川口さんの態度に感心していたそうです。

後日、川口さんが出席したパーティに森繁さんが来ていました。

「先日は失礼いたしました」と川口さんが挨拶に行くと、森繁さんは、

「みなさん、ここにいる川口さんは今にNHKの会長になる人物ですよ。大切にしてあげ

てくださいね」と持ち上げたのです。

その一言が川口さんには非常にうれしかったそうです。このほめ言葉が励ましになったのか、実際に川口さんはNHK会長になりました。

会長就任の挨拶に森繁さんのもとを訪ねると、森繁さんは「私のいった通りになったじゃありませんか」と笑っていたそうです。

森繁さんも「人をほめて育てるコツ」を体得していたのでしょう。

サントリーの「やってみなはれ」は、部下を「ほめて」いる

飲料メーカー、サントリーの創業者は、鳥井信治郎さんです。

この人の口ぐせは、「やってみなはれ」でした。

会社幹部が「こんなことにチャレンジしたい」という提案を持ってきます。それに対して、「やってみなはれ」と答える。そうして、後進を育て会社を大きくしていきました。

人に「やらせてみる」「任せる」ということは、その人の能力や意欲を高く評価し、信頼

している証しです。その人の能力、誠実さ、人柄をすべてひっくるめて認めているのです。

ですから「やってみなはれ」は、部下への最高のほめ言葉になります。同時に、最上の励ましの言葉ともいえます。このひと言で、部下は「活躍の場」を与えられたと意識し、モチベーションも上がります。

そこには、実際にやらせてみなければ人は育っていかないという信治郎さんの信念もあったのでしょう。

新しいことにチャレンジするのであれば、もちろん壁にぶつかる経験をしなければならないし、時にはあえなく失敗する事態にもなるでしょう。しかし、そんな痛い思いを体験しなければ、人は成長しないという信念です。

そこで失敗を危惧して、「もう少し考えてみなはれ」だとか「時期尚早ではないか」みたいなことをいっていたら、人は育たないのかもしれません。

「やってみなはれ」も、「ほめて育てる」ための言葉といえます。

また、この「やってみなはれ」は、サントリーの企業イメージを高めていることは間違いありません。このチャレンジ精神は社風といったらいいのか、社員たちの活気が伝わってくるようです。

「やってみれば」はダメ、「やってみなはれ」がいい

「やってみれば」ではなく、「やってみなはれ」に味わいがあります。同じような意味なのに、どこがどう違うのでしょうか。

「やってみれば」は、よくお母さんがお子さんにいう言葉です。

「サッカー選手を目指して、サッカーを始めてみようかな」

「今日から一日3キロ、ランニングするんだ」

「ピアノを習ってみたい。もしかして私、才能があるかもしれない」

などといい出す子に、「やってみれば」です。

ここには、「どうせ三日もすれば飽きるんでしょう。最後まで続かないでしょう」といったニュアンスが含まれているようにも感じます。子供も、今ひとつ気合が入らないのではないでしょうか。

確かに子供は思いつきでいろいろなことをいいます。飽きやすく長続きしないのも、子供の特長的な性分です。

しかし、いろいろなことをしながら自分が得意とするもの、自分が飽きずに努力していけるものを見つけ出していくという一面もあります。

もちろん、アレもやりコレもやりで学校の勉強や家計のやり繰りに支障が出るのでは困りますが、子供がやってみたいということには、景気よく「やってみなはれ」といってみたほうが「子は育つ」のではないでしょうか。

「やってみなはれ」には、圧倒的な信頼感があります。

子供も、親の信頼を受け取りますから、とことん頑張れるはずです。そこには、一回や二回の失敗にもめげることなく、物事をポジティブに考えられる子に育つ土壌があります。

親であれば、子供をとことん信じてほしいものです。子供が親の期待を裏切っても、それでも子供を信じてやるのが親の愛情、親の務めともいえると思います。

失敗しない子に育てようとするのではなく、「どんどんやれ」「思い通りにやれ」という励ましのメッセージを言葉に変えて、少し失敗しても、さらにほめつづけて育てるのがいいと思います。

漱石もほめまくって弟子を育てた

明治の文豪、夏目漱石にはたくさんの門下生がいたことでも有名です。安倍能成、小宮豊隆、鈴木三重吉、森田草平、芥川龍之介、内田百閒、久米正雄、寺田寅彦など、他にも後の文壇で活躍した人を何人も世に送り出しています。

漱石は人を育てるのが上手かったということでしょう。そのヒケツのひとつが、漱石はほめ上手だったという点にあるようです。

漱石が弟子たちに書き送った手紙には、とにかく手放しのほめ言葉がよく出てきます。

たとえば、当時新人作家だった芥川龍之介が『鼻』という短編小説を発表した際には、さっそく手紙を書き送り、

「あなたのものは大変面白いと思います。落着きがあって巫山戯《ふざけ》ていなくて自然そのままの可笑味《おかしみ》がおっとり出ている所に上品な趣があります。それから材料が非常に新しいのが

眼につきます。文章が要領を得てよく整っています。敬服しました」（『漱石書簡集』（三好行雄編・岩波文庫）大正5（1916）年二月十九日　芥川龍之介あてより抜粋）と、ほめまくっています。まったく疑いようのない的確さと、圧倒的なほめ言葉の洪水です。「あそこをちょっと手直しすれば、もっとよくなります」だとか、「こういうことに気をつけたら、すばらしいものになります」だとか、上の者が下の者に対してやりがちな「ちょっとしたアドバイス」さえありません。漱石からの手紙を読むたびに、門下生たちは幸せな気分になり、新たな勇気を注がれたのではないでしょうか。

漱石が弟子にあてた手紙には、とにかくほめ言葉がたくさん出てきます。だれが読んでも、何か励まされるような明るい気持ちになってくるはずです。

これも芥川への手紙の一節、

「ああいうもの（芥川の小説『鼻』・著者注）をこれから二、三十並べて御覧なさい。文壇で類のない作家になれます」

この漱石の励ましに、新人作家の芥川龍之介はどんな気持ちになったか想像してみてください。

第7章

ほんとうは怖い「ほめ言葉」

「どっちつかずの言葉」は使わない

ほめているのか、からかっているのか、どっちつかずな言葉があります。

たとえば「八方美人」です。

本来は、「誰とでも上手につき合える。分け隔てなく気を遣うことができる。これといった欠点がなく、人間関係で問題を起こすことがない」といった意味ですから、「あなたは八方美人ですね」といえば、ほめ言葉になります。「誰からも好かれる人で、人脈も広い」と高く評価しているのであり、それは仕事のできる人、感じのいい人という評価にもつながります。

ところが一方で、「日和見《ひよりみ》な人、自分の意見をはっきりいわない、かわいこぶりっこ、裏表がある、心の底で何を考えているかわからない」といった意味に取っている人も少なくありません。ですから、ほめ言葉とは逆の立場になります。「あなたは八方美人ですね」といわれて、腹を立てる人もいるでしょう。

よかれと思っての「ほめ言葉」が、人との関係を険悪なものにすることもあるのですから、そこは用心が必要です。

日本語には、いい意味にも悪い意味にも受け取れるあいまいな言葉が多いようにも思います。この八方美人のように、相手にどう受け取られるかわからないような言葉は使わない、と決めておいたほうが無難です。

いい意味で八方美人といいたいなら、

「たいへん社交的な方だ」

「みんなから慕われる存在なんですね」

など、「ありのまま」にほめるほうが正しく相手の心に届きます。

ほめ言葉の「まじ、やばい」は誤解の元

年代や環境によっても、逆の意味で取られる言葉があります。言葉の意味が時代とともに移り変わっていくのはめずらしいことではありません。むしろ自然なことなのですか

ら、腹を立てても仕方がありません。

たとえば、「やばい」。若い人の間では、ほめ言葉です。「このラーメン、やばいよ」、これは「このラーメン、うまい」という意味になります。「すごく、うまい」は、「まじ、やばい」です。

私の世代からいえば「やばい」とは、「不都合が生じている」「危険だ」といった意味です。「このラーメン、やばいよ」という言葉を初めて聞いたときは、そのラーメンがものすごくまずいか、虫でも入っていたのかと思いました。

これがラーメンだったら問題はありませんが、人物評価で使うと、ちょっと困ったことになります。実際、若い人たちは魅力的な女性について「彼女、やばいよ、まじ、やばい」などといっています。「やばい彼女」ってどんな女性なんだ?……年代によってはよくないイメージを浮かべる人もいるでしょう。

いつの時代も、若者言葉には活気を感じます。その点はいいのですが、世代の違う相手と話をしているときは、同世代の仲間うちでしか使わない言葉で相手をほめるのは控えたほうがいいでしょう。理由は、「八方美人」と同じです。

社内の飲み会で「部長って、まじ、やばいですね」と、仕事ができる、魅力があるという意味でいったとしても、部長がどう受け取るかわかりません。

「いい人」とほめるか？「人がいい」とほめるか？

同じような言い方でも、ニュアンスが違って伝わることがあります。

あなたは、「いい人なんですね」といわれるのと、「人がいいんですね」といわれるのとでは、どちらが嬉しいですか。

「いい」という言葉には肯定的な意味がありますから、どちらの言い方も基本的には悪口ではありません。

しかし「人がいい」には、微妙なニュアンスが混じっています。

「人のために自分が損するような真似をする愚かな人」

「これといった才能はない。善良なだけが取り柄の人だ」

といった含意もありますから、「人がいい」も、ほめ言葉としては慎重に扱いたいものです。

「いい人」というのは問題はないのでしょうか。こちらは「人の気持ちに配慮する、やさしくて謙虚」といった性格を表しているように思います。つい「いい人」という意味で、「人がいい」といってしまうこともあるようですが、もともとの意味は少し違うのです。

第1章では、川端康成の『伊豆の踊子』について触れました。「いい人ね」「いい人はいいね」という会話が耳に入ってきた主人公は、「言いようなくありがたい」という感想を洩らします。

そういう文学作品もあるのですから、「いい人」というのは十分なほめ言葉になるはずですが、書店に行けば、「いい人になるな」と主張する本がたくさん並び、中にはベストセラーになっている本もあります。

先ほどの「八方美人」と同じで、「いい人」という言葉も、「日和見、自分の意見をはっきりいわない人、人のいいなりになっている人、人に振り回されてばかりいる人」といった「新解釈」もあるようです。

「いい人」の意味も、時代とともに移り変わりつつあるようですから、ほめ言葉としては慎重に扱いたいものです。

逆に、「人が悪い」というと、一般的にはマイナス評価になりますが、うれしがる人もいます。「おちゃめな人」「イタズラ好きな人」というイメージを思い浮かべて、ほめられたように感じるのでしょうか。けれども、「悪い人」というのは、うまくありません。一般社会の中では、どう「超訳」しようとも、ほめ言葉にはなりませんね。

「まじめ」「正直」は、ほめ言葉か？

ひと昔前まで「まじめな人ですね」「正直な方です」といえば、立派なほめ言葉であり、女性が結婚相手を選ぶときの条件に挙げたものです。

しかし最近は「まじめな人」「正直な人」とほめたつもりでも、「それは私が面白味のない人間だと言いたいのか」と受け取られるケースが多いかもしれません。

反対に、「面白い人ですね」というほうが喜ばれます。以前であれば、「面白い人」＝「ひょうきんで軽薄な人」という一面があり、ほめ言葉としては不適切なところもありましたが、最近は、「頭のいい人」「人を楽しくさせる人」といったプラスのイメージが強くなっています。

◇

こういってくると、どうほめていいのかわからなくなってきますが、人の話す言葉の意味は時代と共に移り変わっていくと指摘しておくに留めておきましょう。その時代に合ったほめ言葉を選んでいく必要があるということです。

その言葉の選択を間違えてしまい、ほめたつもりがけなしていることもあるのですから、慎重でありたいものです。そのときの勢いや気分で「ほめた」つもりでも、相手の心にどう響いたのかがわかりません。慎重でありたいというのは、そういう意味です。

相手がムッとなったら、「でも好きです」とほめる

相手がムッとするかもしれないネガティブな言葉をついいってしまい、マズイ！　と思ったことはないでしょうか。

これをほめ言葉に変える魔法の話し方があります。

「私は好きです」というひと言を加える方法です。

たとえば、「よくしゃべりますね」と、ついいってしまったとします。あまりに一方的に話すので、思わず口から批判めいた言葉が出てしまったのです。

相手は、ムッとなります。しかし、これに「私は好きです」をつけ加えると、「よくしゃべりますね。ぼく、よくしゃべる人が大好きなんですよ。頭がいいっていうか、話題が豊富っていうか」

こういわれたら、怒りも少し収まるでしょう。

相手の装いに注目して、「派手なファッションですね」と、口が滑ったとします。ここで言葉を切れば、相手はふてくされるかもしれません。けれども、「派手なファッションですね。私、そんな華やかな人、大好きです」

とつけ加えれば、だいぶ印象が変わります。

この方法は、覚えておいて損はありません。つい口が滑ったことをほめ言葉に転化させるのですから、「とっさの対応術」として、きっと役に立つはずです。

状況説明だけでなく、主観的表現をつけ加える

状況を客観的に説明するだけの言葉は、とかく悪意に受け取られやすいから要注意です。

「やせてますね」

「髪を切ったんですね」

「あの街に住んでるんですか」

「アイドルが好きなんですか」

「盆栽が趣味なんですか」

ただ気づいたことを述べただけなのですが、とかく相手は、

「やせた女は嫌いだっていうの」

「私にはショートヘアは似合わないってこと?」

「私が暮らす街をバカにする気か」

「いい年して、アイドル好きで悪かったな」

「ネクラな人間だって、いいたいんでしょう」

といった具合に悪く受け取る傾向の人もいます。性格上の問題もあるでしょうが、「ただ述べただけ」では、相手がどう解釈するのかわからないのですから、誤解されないためにも、ひと言つけ加えることが大切です。

客観的表現には、必ず肯定的な意味を持つ主観的な表現を加える――これが、ほめ上手になるコツです。

「やせてますね。私が理想とするのも、あなたのようなほっそりした体型なんですよ。私もやせたいんですけど、なかなかやせられなくて」

「髪を切ったんですね。すごくお似合いですよ。私が好きな髪形です。どこの美容室に行かれてるんですか」

「あの街に住んでるんですか。いい街ですよね。私も好きですよ、人情にあふれた下町って感じで、いいいんだなあ」

「アイドルが好きなんですか。じつは私もアイドル好きでして。お互い気が合いそうですね。私の場合、アイドルも好きだし、アイドル好きな人も好きなんです」

「盆栽が趣味なんですか。最近、若い人の間で、盆栽がひそかなブームっていうじゃないですか。私も身近に盆栽を趣味している人がいるって、なんだかうれしい」

このように好意的な主観を入れてこそ、ほめ言葉として完成します。

◇

最近、若い男女のこんな会話を耳にしました。待ち合わせの場所で会ったとき、男性が、「あれ、今日はジーンズなんだね」といったとき、女性がムッとした表情に変わり、

「それが何か?」

と、とても冷たい反応をしたのです。

これも、男性が客観的事実をいっただけ、ということが原因です。これにつづけて「やっぱり、ジーンズも似合うね、きみはスタイルがいいから」などとつけ加えれば、女性の反応はまた違ったものになったはずです。

主観的表現を絡ませる、たったこれだけのことでもデートが楽しくなるか、そうではないのか分かれ目になります。特に男性は要注意です。

弱ってる人ほど、「好きです」が効く

「私は好きです」というひと言は、「人を救う」ほめ言葉でもあります。

たとえば、「あなたをあれこれいう人もいるけれど、そんなあなたを私は好きです」というほめ方です。

ある独身女性が同じ職場に好きな男性がいるとします。

彼はささいな失敗で最近、とかく社内での評判が悪い。上司から敵視され、同僚たちから冷たくあしらわれているのです。そんな彼に、

「周りの人たちがあなたをどういおうが、私はあなたを好きです」

相手が弱っているときにかけるほめ言葉ほど効くものはありません。

彼は、最上のほめ言葉に救われる思いがするでしょう。まさに地獄で観音に出会う、です。恋に落ちるのは間違いありません。恋愛にかぎらず、どんな人間関係でも、この「好きです」には、それまでの苦悩が一瞬にして消えるほどの威力があるのです。

「人への説教」は何の役にも立たない

人生は長いのですから、一度や二度は不運に見舞われるのも仕方のないことなのかもしれません。目の前が真っ暗になり、将来への展望を探っても、すぐ壁にぶち当たってしまいます。逆境におちいったまま、どうしても這い出せないのですから苦しいだけの人生のように思えてきます。

そんなとき、その人を救うのは、身近な人のほめ言葉です。

「あなたは逆境をパワーに変えられる人じゃありませんか」

「あなたにとっては今が一番苦しいときでしょうが、私から見れば今のあなたが一番輝いて見えるなあ」

「このくらいの病気に負ける人じゃないって、私は信じています」

「これまで何度も壁にぶつかっては乗り越えてきたじゃない、あなたは」

「悩んでいるときも、食べっぷりはいいのねえ。その食欲があれば、どんなことだって乗り越えていけるわよ」

「あなたがどんなことになろうとも、私はあなたを応援します」

仕事の同僚、奥さんや夫、子供や兄弟、教え子や恩師が苦境にあるときには、ぜひそんな「ひと言」をかけてもらいたいものです。

あなたのほめ言葉は、立ち直りのきっかけになります。また、あなたとの人間的な絆をさらに強いものにするはずです。

苦しんでいる人、思い悩んでいる人を見ると、人はつい非難めいたことをいってしまいます。もちろん、そこには愛情もあるのでしょうが、同時に自分の優位性を確認しているかのような響きも感じます。

「だからあなたはダメなのよ」

「どうにかならないの。どうにかしてよ」

「ダメなあなたは嫌いです」

など、そんな言葉が何の役に立つのでしょう？

「でも、私は好きです」と、ほめ言葉に変えてみればいいのです。すべてが好転します。

「私のおかげで〜」は、ほめ言葉にならない

せっかくのほめ言葉も、上から目線のものだったり、皮肉まじりのものだったりすると、その効力も半減します。

「俺のいう通りにしたから、できたんだ」

「だからいっただろう。うまくいったじゃないか」

「ずいぶん成長したね。厳しく指導した甲斐があったよ」

職場の上司が部下をほめるときに、よく出てきそうなセリフです。

人をほめるときに「自分のおかげだ。感謝しろ」「自分が指導したから」というニュアンスを紛れ込ませてしまうのが、人の上に立つ人のよくないところです。だれもほめてくれないので、自分で自分をほめている、といったところでしょうか。

しかし部下は必ずしも上司のおかげでいい成果を出したわけでも成長できたわけでもなく、部下は部下なりに自分の力でやってきたのです。

上から目線で「俺の指導がよかったから」などといわれたら、部下は喜ぶに喜べません。「まあ、はあ、どうも」と、口ごもってしまうしかありません。

部下を叱りつけるときには「自分のことはさておいて」不満不平をいう上司も多いそうですが、ほめるときこそ自分のことはさておいて、手放しでほめるのがいいと思います。

よけいな思いは捨てて、

「できたじゃないか。私も嬉しいよ」

「うまくいったじゃないか。これからも頼む」

「ずいぶん成長したね。今後が楽しみだね」

このような「自分のことはさておいて」無私に徹したほめ方であってこそ、部下も「さらに頑張って、もっとほめられたい」という意欲を掻き立てられるのです。

「ほめ方」で見くびられることがある

条件をつけてほめる人もいます。

「その点は、ほめてあげるわよ」

「やれば、できるじゃない」

「あなたにしては、よくやったほうね」

「初めてにしては、うまくいったほうなんじゃない」

このようなほめられ方をしても、何か引っかかるものが残ります。

「その点は～」というのは、「他の点はぜんぜんダメだ」といっているのと同じです。

「やれば～」というのも、「ふだんはぜんぜんダメだ」といっているのと同じでしょう。

「あなたにしては～」は、「努力は認めるが、及第点にはまだほど遠い」という意味が含まれます。

「初めてにしては～」には、「今後のことはあまり期待していない」という意味が含まれています。

「自分がほめられるのは大好きだが、人をほめるのはシャクに障る」という性分の持ち主が、こんな条件つきのほめ方をする傾向があります。

手放しで人をほめると、その分自分の評価が下がるとでも思っているのか、つい「その点は」「やれば」といった条件をつけたがるのです。

人物、度量の大きな人は無条件でほめます。そうでない人は条件つきでほめます。「ほめ方」によって相手に見くびられることもあるのですから要注意です。ほめたその相手に「度量の小さい人」と思われたのでは「ほめ甲斐」がありませんね。

「昔とちっとも変わりませんね」はアブナイ言葉

何年かぶりで再会した人にかける言葉としてよく使われるものに、「昔とちっとも変わりませんね」

というものがあります。おそらく「若々しいですね」といいたいのでしょう。昔と変わらずエネルギッシュで、見た目も若々しいと。

当然、ほめています。もちろん、そういわれて嬉しく感じる人もいるでしょう。

しかし人によっては「昔と変わらない」という言葉を、「昔と比べて、人間的にちっとも成長していない」と受け取る人もいないわけではありません。

この「昔と変わらない」というほめ言葉は、その場の状況、相手の事情などをよく考慮しなければ、相手を不機嫌にさせてしまいます。

たとえば定年退職者、子育てを終えた人たちが集まる同窓会でお互いに「昔とちっとも変わらない」という言葉をかけ合うのはいいのです。相手は素直に「若い頃と変わらず、若々しい」とほめてくれていると受け取るでしょう。

一方、社会人になって三年目、久しぶりに学生時代のゼミの仲間たちと集まって食事をしながら情報交換をしようという場では、「昔とちっとも変わってないね」と声をかけたら、「それって、私が成長していないってこと?」「まだ学生気分が抜けてないってこと?」といい返されるかもしれません。

何が違うのでしょうか。

若い人たちは、ビジネスパーソンとしても、人間としても家庭人としても成長への意欲、向上心が強いのです。そんな上を目指して成長途上にいる人にとって「昔と変わらない」という言葉には、ひっかかるものがあるのでしょう。

成長途上の人には、「ずいぶん見違えたなあ。立派になったなあ」というのが、ただしいほめ言葉のように思います。

一方で、熟年の人は、こういっては失礼になるかもしれませんが、向上心は薄らぎ、成長するよりも、若返りたいという気持ちのほうが強いのです。

いい換えるなら、若い頃のような体力、好奇心、チャレンジ精神を取り戻すことが、熟年にとっての人間的な成長といえるのかもしれません。

ですから熟年の人には、「昔と変わらない」がほめ言葉になります。

決まり文句の「ほめ言葉」は安易に使わない

ほめ言葉には、常套句があります。

「昔と変わらない」も、そのひとつでしょう。

ただし決まり文句をいっておけば相手は喜ぶ、とは限りません。

もうひとつ事例を挙げておきます。

家庭の主婦として子育てや家事にがんばって最近少しやつれ気味の妻に、旦那さんがかける「きみは昔と変わらない」というフレーズは、とても嬉しいのではないでしょうか。

「独身時代と変わらず、かわいい」というほめ言葉として受け取られます。

適齢期をすぎても独身でいる女性に、今は結婚して子供もいる女友だちが「あなたは、昔とちっとも変わらない」と言葉をかければ、「いまだに結婚できないままで悪かったわね」といい返されることになりそうです。

「ほめたつもり」がイヤミに受け取られることも多いのですから、要注意です。

嘘でもいい！　ほめられた人は救われる

先ほど、「正直な人」のポイントが低くなったことを述べました。「正直」というのは、人間にとって尊い価値観であることは間違いありません。けれども人間関係においては、ちょっと融通がきかないといった一面もあります。

人との関係において、時には嘘をいうほうがいい場合があります。

自分の都合でつく嘘ではなく、人のためにつく嘘です。

これは《利他的嘘》といいますが、実際に必要になる場合が少なくありません。

たとえば病気で入院した仕事仲間の見舞いに行ったとき、

「あなたがいなくても仕事には何の支障もありませんから、ゆっくり休養してください」

と慰めるのは……さて、本当に慰めになるのでしょうか。

社員がひとりいなくなったくらいで「仕事には何の支障も出ない」というのは、正直なところかもしれませんが、

「オレの代わりになる人間はいくらでもいるという意味か」

と、病人をがっくりさせる危険もありそうです。

せっかく見舞いにいったのですから、

「あなたがいないと仕事が回らないんですよ。なんたってあなたはうちの会社の屋台骨を支える人材なんだから、早く元気になって職場に復帰してくださいよ」

ぐらいのことはいってもいいように思います。

たとえ「嘘」でも、です。嘘をつくことによって、「見舞い」の価値がぐんと上がります。これは《利他的嘘》なのだから許されます。いや、積極的に活用すべき嘘であり、そ

れが思いやりというものでしょう。

このひと言が後々効いてきます。彼が退院して職場復帰したとき、あなたとの「いい関係」が形成されているはずです。

第8章

とっさの「ほめ言葉」事例集

外見をほめる

人との会話中に、「ほめたいけれど、適当な言葉が見つからない」ときがあります。ほめ上手になるのは、ある程度、語彙力が必要になってくるのも事実です。この章では、ケースバイケースで、ほめ言葉の基本形を紹介します。

◇

「人の外見をほめる」ときは、瞬間的にシンプルに、というのが鉄則です。「ほめ過ぎない」ところがポイントです。ただしシンプルな分、言葉にすると難しいともいえます。

《相手の表情をほめる言葉》――

「笑顔がとってもステキですね」

誰であっても、笑顔をほめられるのはむしょうにうれしいものです。ほめられることで、その人の笑顔はいっそう輝きます。どんな人にも通用するほめ言葉です。

「自信に満ちた、いい表情をしているよ」

大事な商談へ向かう部下、あるいはこれから結婚するという娘へ、励ましの意味を込めたほめ言葉です。「しっかりやれ」というより、ずっと心に響きます。

「温厚な人柄が、お顔によく表れています」

「顔は心の鏡」といいますが、たしかに顔にはその人の内面的な性格がよく表れます。これは顔をほめながら、じつは相手の内面をほめているのです。

《外見に漂う気品をほめる言葉》――

「着こなしがじつに気品があって清楚だ」

着ているもの、身に着けているものをほめるのではなく、その「着こなし」をほめるほうが、ポイントは高い。その「品のよさ」をほめるのがコツです。

「物腰、立ち振る舞いに、とても落ち着きがありますね」

「気品がある」「奥ゆかしい」というほめ言葉もありますが、「落ち着きがある」といったほうが日常的な会話として、さりげなく伝わります。

「どのような状況にあっても、あなたは自然体でいらっしゃる」

バタバタと慌てない、取り乱さないという点も、その人が持つ人間的な気品といっていいでしょう。相手への「敬意」が伝わるキーワードといえます。

人間性をほめる

人間性は幅広い観点からほめられます。それだけにほめる側の力量が問われます。どこに着眼し、どのような表現を用いるかで、「ほめる」という技術のレベルがわかります。

《相手の持つあたたかみをほめる言葉》――

「心があたたかい人だ」

心理学には、いい意味を持つ言葉が人の心に好意的な印象をもたらす、という報告があります。「あたたかい」「明るい」「おおらか」など、プラスのメッセージをほめ言葉に活用するのは当然です。ただし、一つか、せいぜい二つまで。三つの言葉を重ねると、しつこさが勝り、「いい感じ」から遠ざかります。

「あなたと一緒にいると、自分に素直になれるんです」

よく結婚の動機を聞かれて、「あの人といると素直になれる」と答える人がいますが、そのままほめ言葉として使えます。

「ユーモアのセンスがおありだ」

「ユーモアのセンスがある」というのは、欧米では立派なほめ言葉のひとつ。日本でも、このような文化が少しずつ根づいているようです。「ユーモア」は豊かな人間性の象徴です。

《正直な人間性をほめる言葉》――

「あなたは裏表がない人だ」

「いってること」「やってること」がどうも信用できないという人が増えている世の中、「裏表がない」という言葉は、最高のほめ言葉になります。

「あなたは人の悪口をいう人じゃないから」

人の悪口をいうことがストレス解消の手段になっている人が多い昨今、「悪口をいわない」のは、得難い取り柄です。ほめるべし。

「あなたって子供みたいに純粋なところがあるのね」

女性が男性にこういう場合、たいていはほめ言葉です。同性同士でいう場合は、たいてい相手の思慮のなさを指摘する嫌味です。念のため。

《思いやりの篤いところをほめる言葉》――

「人の心の痛みがわかる人なんですね」

ほめ言葉のつもりはなくても、相手はうれしくなります。「私も人間としてひとつ成熟したんだな」と実感しているかもしれません。

「黙って見ていられない性分なんですね」

困っている人を見捨てておけない、やさしい性格をほめる言葉。昔なら「義理人情に篤い」というのでしょうが、現在ではちょっと古臭い感じがするかもしれません。

《相手の正義感をほめる言葉》――

「いいものはいい、悪いものは悪いといえる人ですね」

こういわれると、悪い気はしないものです。こうほめて、上司をいい気分にさせてから、「課長、社長にビシッと進言してくださいよ」と迫る手もあります。

「しっかりとしたケジメがつけられる人だと思っています」

進退の決断を迫られている人が、いつまでも「辞めるか、続行するか」迷っていてラチが明かないとき、このようにほめて退くことを迫る方法もあります。

堅実性、リーダーシップをほめる

秀でたところ、目立ったところはないけれども、「命じられたことを、しっかりやる」「約束したことは、しっかりと果たす」「自分がやるべきことを、しっかりやり遂げる」と、堅実に仕事をすすめる人は大いに称賛されるべき存在でしょう。

《部下のしっかりした働きぶりをほめる言葉》――

「君には安心して仕事を任せられる」

なによりも「上司から信頼されている」という実感を得られます。部下の自主性を育てるなら、このほめ言葉がいい。

「きみを頼りにしてるよ」

「任せられる」よりもさらにグレードアップしたのが「頼りにしている」です。上司にこういわれたら、部下もやる気を発揮しなければならないでしょう。

「私がミスしないか、近くでしっかり見ていてくれ」

少々頼りない上司ですね。けれども、とても効果的なフレーズです。こんな上司の言葉に母性本能をくすぐられる部下（男性社員も）がいるのは事実です。

《リーダーシップをほめる言葉》――

「私はあなたについていきます」

上司の立場になると、一番うれしいほめ言葉ではないでしょうか。上司は部下からそういわれたくて、日々頑張っているという一面もあります。

「あなたは面倒見がいい」

部下をグイグイ引っ張っていくリーダーを理想としている人がいれば、「面倒見のいい兄貴分」のような存在を理想にしている人もいます。こんなほめ方もありますね。

「リーダーとして、あなたほど公正公平な人はいない」

もっとも嫌われる上司は「エコヒイキする上司」です。上司自身そのことを意識して、公正公平を心がけている人が多い。その努力をほめれば、上司も機嫌がいいでしょう。

努力をほめる

頑張っている人に、ただ「頑張ってるね」では、ほめ方に芸がありません。相手も「ほめられた」という気はしないでしょう。

相手を励まし勇気づけ、さらに頑張ろうと思わせるようなほめ方をしたいものです。

《人の努力に敬意を払ってほめる言葉》――

「人が見ていないところで努力できる人なんですね」

努力は誰でもしています。みんな頑張っています。ですから単に「努力家だね」では、ほめ言葉にはなりません。ひと味違ったほめ方を心がけること。

「あなたの熱心さには、頭が下がります」

人は「あなたの努力は認めるが、オレの努力に比べたらまだまだ」といった、上から目線のほめ方をしてしまいがちです。頭を下げて敬意を払うほめ方のほうがいいでしょう。

「休日を楽しむのもうまいんですね」

仕事人間であることをほめても、相手はうれしくないでしょう。仕事とプライベートのバランスを上手く取れている点を指摘するほうが、いいほめ言葉になります。

《自分のために尽くされた努力に感謝してほめる言葉》――

「こんなの初めて」

恋人があなたのためにしてくれる努力には、「こんなに親切にしてもらったの初めて」

「こんなにやさしくしてもらったの初めて」というほめ言葉で報いるのがいいでしょう。

「驚いちゃったよ」

職場の部下が「課長のために頑張りました」といってくれた努力には、「よく頑張ったな」よりも「おまえがここまでやってくれるとは思ってもみなかった。驚いた。びっくりした」とほめるほうが、ほめメッセージはより強く伝わるでしょう。

「涙が出そう」

子供が朗読する「お母さんへの感謝状」、娘が社会人になって最初にもらった給料でお父さんに買ってきてくれたプレゼントには、「涙が出そう」が最高のほめ言葉です。

《柔軟性、現実性をほめる言葉》――

「柔軟にものを考えられる人ですね」

現代のように変化が激しい時代には、たとえば「意志が強い」「志が高い」といったほめ言葉よりも、柔軟性をほめるほうが、より強く自分の能力をほめられた気分になるのではないでしょうか。

「とっさに機転をきかしてくれたんですね。ありがとう」

マニュアル通りにしか動けないのは問題です。時には状況に応じて、とっさに機転をきかすことも大切。機転がきいた行為は、「その場でほめる」のがいいのです。

「あなたは現実的に対処できる人だ」

へ理屈や、理想、机上論ばかり振りかざす人は、実社会の中でなかなか信頼されません。「現実的に動き、きちんとまとめる」ところを評価してください。

奉仕精神をほめる

日本各地で災害が起こる度に、現地で活動するボランティアの人たちの姿があります。高齢化社会が進む中、高齢者施設で無償の活動をする若者たちの姿を見ることもあります。社会を縁の下で支える貴重な行為です。

身近に、献身的なことをしている人がいたら、ぜひ声をかけたいものです。

《慈善事業をしている人をほめる言葉》――

「誰にでもできることではありませんよ」

自己犠牲の精神で慈善事業に取り組んでいる人には、せめてほめ言葉のひとつでもかけたいもの。それが相手の励みになります。

「ぜひ今度、ゆっくりお話を聞かせてくださいませんか」

相手がしている慈善活動に興味を示すのは、相手にとってもうれしいこと。「ああ、そうですか」だけで話を終わらせないことが大切です。

「日頃からいろいろ、お考えになっているんですねえ」

日頃の生活態度からは想像できない人が、ひそかにボランティア活動にいそしんでいたりします。人は「何も考えていないようで、いろいろ考えている」のです。

能力や才能をほめる

能力がある人、才能に恵まれた人には、強い自負心があります。

ほめるなら、そこを刺激するのがいいと思います。
たんに「すごいね。いいね」ではなく、話し方にひと工夫する必要があります。

《相手の理解力をほめる言葉》――

「物事の整理が早い、じつに聡明な人だ」

知識の豊富さをほめられるよりも、理解力の早さをほめられるほうが嬉しいのではないでしょうか。「頭の良さ」をそれとなく評価する言葉。

「話の呑み込みが早くて、助かります」

現代はスピード社会です。コミュニケーションにもスピードが大切です。話の呑み込みが早い人は、話がスムーズに運ぶのですから、きちんとほめましょう。

「問題解決能力に秀でた方なんですね」

学校で「頭がいい」というのはほめ言葉なのでしょうが、一般社会で「頭がいい」というのは「要領がいい」「ずる賢い」といった意味に取られる場合もあります。ちょっと硬い表現ですが、こんないい方のほうが安心です。

《知識の豊富さをほめる言葉》――

「長い経験に裏打ちされた知識なんですね」

たんなる物知りをほめるような話し方は、相手に嫌味に聞こえてしまうかもしれません。経験から得た知識である点を強調すること。

「よく勉強してらっしゃる」

「よく知ってますね」「詳しいですね」といったいい方には、オタク趣味の人をほめているようなニュアンスが含まれます。社会人をほめるなら「勉強している」がいい。

「知識の豊かさで、あなたの右に出る人はいませんね」

人の知識をほめるときには、やはり「比較対象して、あなたが一番すごい」といったほめ方のほうがストレートに伝わります。

《相手の持っている才能をほめる言葉》――

「じつに、いいものをお持ちだ」

「才能」「素質」「能力」といった言葉を使わずに、「いいもの」という表現でさらりとほめる方法。仰々しくないところがいい。

「凡人には思いもよらないことをお考えですね」

才能がある人は「私は凡人とは違う」という自負があります。自分の立場を低くして、相手の自負心をちょっと刺激するコツを覚えましょう。

「あなたに、そんな才能があったとは知りませんでした」

能ある鷹は爪を隠す。隠していた「爪」をあるときひょいと見せて、人を驚かすのが好きな人は少なくありません。素直に驚くことが、そのままほめる言葉になります。

《相手のアイディアをほめる言葉》――

「新鮮なアイディアだ。今の時代に合致した、旬なアイディアだね」

アイディアをほめるときは、魚をほめるときのコツを活用してください。その「新鮮さ」「イキのよさ」をほめるのが、一番うれしいのです。

「着眼点がすばらしい。いいところをとらえている」

アイディアとは、つまり、着眼点です。人がしない見方をし、人が気づかない点に気づく。それを素直にほめることが大切です。

「いいね。前向きに検討しよう」

アイディアを出す人にとって、「検討します」という返事ほどガックリくるものはありません。せいぜい「前向きに」ぐらいの、ほめ言葉はつけ加えたい。

みんなをほめる

個人をほめる場合もありますが、一方で大勢の人を対象にほめる場合もあります。それは組織を活性化し、組織を強くしていく効果があります。

《組織の団結力を強めるほめ言葉》――

「あなた方は理解していないかもしれないが、ここに集まった人間はみんなすごいことをやっているんだよ」

ｉＰＳ細胞でノーベル賞を受賞した山中伸弥先生が、研究所のスタッフたちに述べていた言葉です。プロジェクトリーダーが、そこに集まったスタッフの団結力を強めるための、いいほめ言葉です。

「私たちって、すごくない？」

路上パフォーマーのひとりが仲間に向かって発した言葉です。たまたま耳に入りましたが、いい言葉ですね。全員で「私たち、すごいよ」とほめ合っていました。

「私ではなく、選手をほめてやってください」

日本一になったプロ野球球団の監督がインタビューでいうセリフです。「主役は選手」と持ち上げてチームの団結力を引っ張り出す、ほめ言葉です。

《相手の家族をほめる言葉》――

「なんて可愛い赤ちゃんかしら」

家族ぐるみのつき合いをしようというとき、「子ほめ」はお互いの親近感を高める上で大いに有効です。その場に子供がいたら、ぜひほめてください。

「あれ、愛妻弁当ですか。いい奥さんですね」

職場に愛妻弁当を持ってくる人は「食事代節約のため」などといいますが、実際には「自分の奥さんをほめてほしいから」というのがホンネかもしれませんね。

「いいご家族ですね」

会社にいるときは「私個人」をほめてもらいたい。家族と一緒にいるときは、「家族丸ごと」ほめてもらいたい。そんな気持ちは誰でもあります。

言葉ではなく、行動によってほめる方法

骨董店に行くと北大路魯山人《ろさんじん》の作った器や皿はすごい値段で売られています。それだけ、陶芸家としてすごい人だったのでしょう。

この魯山人という人は、めったに人をほめなかったそうです。

たしかに写真を見ると、こういっては失礼になりますが、とても人をほめることが好きそうではありません。つまり、かなり不愛想な顔つきです。

稀代の美食家で、美味い料理屋がある、腕のいい料理人がいるときくと、出かけていっ

て自分の舌で確かめ、そこでも「こんな不味《まず》いものが食えるか」とはいったが、「美味い」とほめはしなかったそうです。

ただし、口ではほめませんが、行為でほめました。

気に入った料理屋には後日、魯山人からのお礼として自作の器や皿が送られてきたそうです。自作の器や皿が「美味かった。なかなかいい腕だ」という、いわばほめ言葉だったのです。

当時から魯山人の陶芸作品は料理人にとっては垂涎《すいぜん》の的でした。ほしいけれどもそう数があるわけでもありませんし、また買うとなると高価です。なかなか手が出ません。ところがタダで送られてくるのですから、料理人にとっては、器や皿でほめてもらうほうが嬉しかったかもしれません。

魯山人の器や皿で料理を出すことで、店にも箔がつきます。

それを励みにいっそう精進した料理人も多かったそうです。

そんな経緯の中で魯山人が育てた料理人も多いとのことです。

そんなほめ方、人の育て方もあるということでしょう。

言葉がすべてではありません。行為で、ほめるという方法もあるのです。

◇

口では夫をほめないが、毎日美味しい弁当を作っている奥さん――そのお弁当が「仕事、頑張ってるわね」というほめ言葉になっているかもしれません。

夜、自室で勉強を始めた子供の様子を見て、そっとテレビの音量を下げるお父さんは、その行為で「熱心に勉強しているな」というほめ言葉を送っているのではないでしょうか。

夫も子供も、行為の形を取ったほめメッセージを受け取って、心の中で「ご期待に応えられるよう励みます」と答えているのではないでしょうか。ここには、なんともいえない幸せな空気、おだやかな日常を大切にしている家族関係が見えます。

このような、行為や行動で「ほめる」方法は、仕事場においてもよくあることだと思います。

夏の暑い日、営業マンが汗だくになって帰ってきたとき、内勤の女性社員がさりげなく冷房を強く設定する……こういう行為も、一種の「隠しぼめ」に通じるものでしょう。「おつかれさま」という気持ちが込められています。

お互いに「ほめる」気持ちの発信と受信がスムーズに「いきき」するようになれば、元気が出る人間関係が醸成されます。それが業績に大きく反映されるのは当然のことです。

ほめられたいなら、ほめられたいと思わない

最後になりますが、江戸元禄時代の名優、上方歌舞伎の立役者、初代坂田藤十郎が残した言葉を紹介します。

「芸をほめられたいと思うなら、見物人の存在を忘れ、自分自身が自分の演技に満足できるよう精進するのが大切です」

ちょっと矛盾しているようにも聞こえますが、つまり「ほめられたいと思うなら、ほめられようと思うな」といっています。

「ほめられたい」という思いが強すぎると邪念が働いて芸が下品なものになる、そういう意味だろうと思います。

本書のテーマに合わせて、この藤十郎の言葉をちょっと違う視点から考えてみます。

ここまで「ほめる」をテーマに書いてきました。

一方で人は「ほめられたい」という気持ちも強い。

「いえいえ、あなたこそすごい人だ」と、ほめ返してもらいたいがために相手をほめる、そういう人がいるかもしれません。そういう人には坂田藤十郎の言葉を「翻訳」して贈りたいと思います。

「もちろん、ほめてもらえれば嬉しいけれど、人からほめられるために生きているわけではない。自分のために、自分らしく精一杯生きていく。その結果、ほめられるのであれば、それが一番いい」

人をほめるときも、ほめ返しなど期待せず、純真な気持ちでほめるのがいいようです。

自分のことより、「まず、人をほめる」ところから始めてみましょう。

本書の冒頭でも述べましたが、「ほめ言葉」が自然に口から出る人というのは、その人自身の心にゆとりがある、その証しといえます。

人と会ったとき、自然に「ほめ言葉」が口から出るような人になりたいものです。そして、さりげない「隠しぼめ」が、お互いにいきさきするような関係でありたいものです。

渋谷《しぶや》 昌三《しょうぞう》

「なにげない言動」や「しぐさ」「くせ」などから、人の深層心理を追求する独自の人間観察学を開拓。現代心理学の研究成果を恋愛やビジネスに応用した著書多数。1946年生まれ。現在、目白大学社会学部及び大学院心理学研究科教授。文学博士。本書では「人をほめる」「人にほめられる」ときの人間心理を追求し、より実践的な「ほめ方」を提案している。

『感じのいい話し方 悪い話し方』『「初対面」術』『「伝わらない」話し方「伝わる」話し方』『「なぜかうまくいっている人」のちょっとした心理学』『人を傷つける「言い方」元気にする「言い方」』(小社刊)など著書多数。

人《ひと》の2倍《にばい》ほめる本《ほん》

2016年3月25日　第1刷発行
2016年7月21日　第5刷発行

著者…………渋谷昌三　

企画・編集…………株式会社波乗社／223

発行者…………大谷松雄

発行所…………株式会社新講社
http://www.shinkosha-jp.com
〒102-0072 東京都千代田区飯田橋4-4-9-410
電話(03)3234-2393・FAX(03)3234-2392
振替・00170-6-615246

印刷…………モリモト印刷株式会社

ISBN978-4-86081-542-4 Printed in Japan

新講社の「生き方」シリーズの本づくりについて

わたしたち新講社では、これまで、人が生きてゆくのに必要な生活の知恵や物の見方、考え方についての本づくりを進めてきました。

このシリーズ企画は、著者、編集者、そして読者の皆様の声という協力態勢による本づくりを目指します。

新講社のこれまでの刊行物と同様、読んで実効性・実用性のある出版物となるよう力を尽くす所存です。

ご愛読いただければ幸いです。